JN320437

アトランティス文明の真相

公開霊言
大導師トス
アガシャー大王

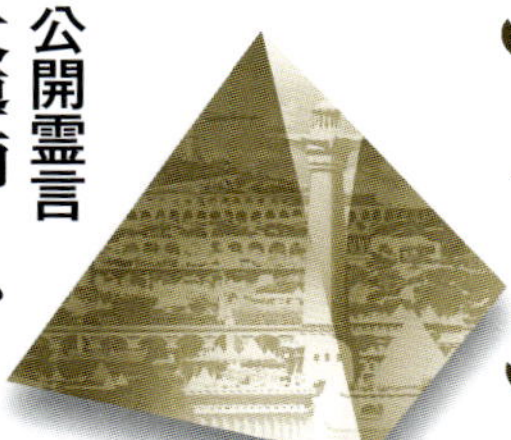

大川隆法
RYUHO OKAWA

本霊言は、2010年2月12日(写真上左)、同年3月18日(写真上右・下)
幸福の科学総合本部にて、公開収録された。

まえがき

現代でも幻《まぼろし》のアトランティス文明の実在を信ずる者は多い。特に、二十世紀前半にアメリカで活躍したエドガー・ケイシーという超能力者による大量のライフ・リーディング（過去世《かこぜ》リーディング）によって、かつてのアトランティス人が大量に現代文明に生まれかわっていることが知らされて以来、ケイシーファンがアトランティス・ブームの中心にいるようだ。

もともとは、古い文献としては、ギリシャの哲学者プラトンが、二千四百年前に、エジプト遊学時に、エジプトの神官から、「九千年前に地中海のジブラルタル海峡の外洋にアトランティスという大陸があったが、神の怒りに触れて一夜にして海没した」と伝え聞いたという伝説が記録としては最古のものである。

エドガー・ケイシーなきあと、一万年以上前の文明の「リーディング」に挑戦したのが本書である。興味深く読まれる方も多かろう。

二〇一一年　四月二十六日

幸福《こうふく》の科学《かがく》グループ創始者兼総裁《そうししゃけんそうさい》　大川隆法《おおかわりゅうほう》

アトランティス文明の真相　目次

第2章　アガシャー霊言による
アトランティス滅亡《めつぼう》の真相

二〇一〇年二月十二日　霊示

「霊言現象《れいげんげんしょう》」とは、あの世の霊存在の言葉を語りおろす現象のことである。これは高度な悟りを開いた者に特有のものであり、「霊媒現象《れいばいげんしょう》」（トランス状態になって意識を失い、霊が一方的にしゃべる現象）とは異なる。また、外国人霊の霊言の場合には、霊言現象を行う者の言語中枢《ちゅうすう》から、必要な言葉を選び出し、日本語で語ることも可能である。

第1章

大導師トスとアトランティスの全盛

二〇一〇年三月十八日　霊示

東京都・幸福の科学総合本部にて

トス（約一万二千年前）
アトランティス文明の最盛期を築いた大導師《だいどうし》。宗教家、政治家、哲学者《てつがくしゃ》、科学者、芸術家を一人で兼《か》ね備えた超天才《ちょうてんさい》であり、「全《ぜん》智《ち》全能《ぜんのう》の主」と呼ばれた。地球神《ちきゅうしん》エル・カンターレの分身（九次元存在）であり、古代エジプトでは、トート神《しん》として知られている（『太陽の法』『神秘の法』〔共に幸福の科学出版刊〕参照）。

〔質問者三名は、それぞれA・B・Cと表記〕

1　大導師トスの天才像について

大川隆法　トスという人は、当会では有名ですが、詳《くわ》しい話は、まだ十分に出ていないように思われます。そこで、今日は、トスの霊言《れいげん》を収録したいと考えています。

私が一方的に話すスタイルでもよいのですが、質問を受けて答えるかたちのほうが分かりやすい話になると思うので、霊言による対話形式でやってみようと思います。

（質問者に）よろしくお願いします。

（約十五秒間の沈黙）

大導師トス、大導師トス、全智全能《ぜんちぜんのう》の主トス、アトランティスのトス……。

（約十五秒間の沈黙）

トス　トスです。

A――　大導師トスよ、このような尊い機会を賜《たまわ》り、まことにありがとうございます。私は、第一編集局の○○と申します（当時）。

大導師トスが、約一万二千年前、アトランティス大陸に出現されて以来、アトランティス文明は全盛期を迎《むか》えたと伺《うかが》っております。例えば、『太陽の法』には、「トスは、宗教家、政治家、哲学者《てつがくしゃ》、科学者、芸術家などを一人で兼《か》ね備えた超天才《ちょうてんさい》であり、『全智全能の主』と呼ばれていた」と説かれています。

ただ、現代文明においては、専門分化が進み、学問がさまざまな分野に分散しているため、私たちは、大導師トスのような天才像というものを具体的にイメージすることがなかなかできずにおります。

イタリア・ルネッサンスでは、レオナルド・ダ・ヴィンチという方が「万能の天才」と言われたこともありますが、とうてい、そのようなレベルではないと推察されます。

大導師トスとは、いったい、どのような天才であったのでしょうか。また、当時、その天才と言われた背景、源流には、現在の大川隆法総裁のような、さまざまな高級諸霊との交信というものがあったのでしょうか。大導師トスの天才像について、ご教示賜れればと思います。よろしくお願いいたします。

私が、アトランティスの進化を何百年か進めた

トス　うーん。これは、本当は自分から語るような内容ではないかもしれませんね。「天才」というのは、人がそう呼ぶものであって、自分で言うようなものではないかもしれませんが、まあ、あえて言うとすれば、アトランティスの進化を何百年か進めた感じはあったと思います。つまり、「いろいろな仕組み

をつくった」ということですね。

今、あなたがたは、いろいろな仕組みがある世の中を当然と思っておりますけれども、普通《ふつう》は、なかなかそうではないんですね。

例えば、教育だって、一つの仕組みでしょう。学校をつくって教育するというのも、一つのシステムです。

また、科学も一つのシステムだと思います。そういうやり方もつくり出しましたし、当時の都市づくり、町づくりのあり方について指導したり、飛行原理、潜水《せんすい》原理等をつくり出したりしたことも挙げられます。

さらに、当時のアトランティスの言葉も整備いたしましたし、それから、あなたがたも、最近、よくやっているようですけれども、宇宙人との交流の仕方等についても、いろいろと指導しました。

宗教では、一般的《いっぱんてき》には「心の教え」が中心になるのですが、単に、心の教えだけというのではなく、目に見えるかたちで、この世の文明速度を上げたということですね。

今、二十世紀から二十一世紀にかけて、非常に文明度が高まり、宇宙時代に入ろうとし始めていますけれども、当時のアトランティスも、ある意味で、宇宙時代に手が届こうとしていた時代であったんですね。

あなたがたも、さまざまな宇宙人が飛来しているという話を聞いているでしょうが、当時も、そうした者たちが来ておりました。つまり、私は、「彼らと交流できるレベルまで文明度を引き上げる」という使命を持っていたということですね。

強大な超能力者《ちょうのうりょくしゃ》としての面も持っていた

トス　もう一つは、やはり超能力者としての面を持っておりました。宇宙人というのは、基本的にテレパシーで話をするので、みな、ある意味での超能力者なんですね。

だから、心のなかで会話ができないようだと駄目《だめ》なのです。まあ、そういうことができたことも大きかったと思いますね。つまり、宇宙人と話をするのも、天上界《てんじょうかい》の高級霊や神といわれるものと話をするのも、原理は同じなのです。

というのも、宇宙人は、高次元空間を通らないと普通は地球に来られないので、高次元存在へと移行する、そういう移行システムを持っているんですよ。

彼らが、そうした次元変換《へんかん》の装置を持っているということは、魂《たましい》のレベルでも、そうした次元変換ができることを意味しているのです。

あなたがたは、この世で仏教的修行をすることによって、神通力《じんつうりき》を身につけた状態のレベルに達することができるわけですが、その神通力に当たるものを、彼らはさまざまな「宇宙人的な超能力」として持っているわけですね。

それに対抗《たいこう》できる地球人は、そんなに数多くはいません。

ですから、まずは、テレパシー能力がいちばん大事であり、それがなければ会話ができないのです。「実際の音声としては聞こえない声が、お互《たが》いに聞こえて話ができる。心のなかが読める」という状態ですね。

これができなければいけないし、この能力が強くなると、単に、「心のなかで声が聞こえて会話ができる」というレベルを超《こ》えていくようになります。力関係にもよりますが、自分のほうの力が強ければ、要するに、相手をマインドコントロールするところまで行くわけです。

たいていの場合は、宇宙人のほうが力が強いので、地球人がマインドコントロールされる方向に行くのですが、地球人でも、まれに強大な能力を持った人がいます。

こういう人の場合には、宇宙人がマインドコントロールをしようとすると、逆に宇宙人のほうがねじ伏《ふ》せられてしまいます。先日もありましたが、反対に、宇宙人のほうが過去世《かこぜ》リーディング（霊査）をされてしまうような状態になることもあるわけですね［注1］。

まずは、こうしたテレパシー能力がいちばん大事ですけれども、もう一つは、やはり、サイキック能力というものが必要になってきます。

具体的に、宗教で言えば、やや言葉的には古くはなりますけれども、例えば、「不動金縛り《ふどうかなしば》」という、相手を動けなくする霊術があります。念力戦ですね。これは、一種の念力によって相手を動けなくするものです。

あなたは、実際に見たことはないでしょうけれども、例えば、暴漢《ぼうかん》が襲《おそ》ってきたときに、大川隆法が「九字《くじ》」を切ったら、その暴漢は金縛り状態になって動けなくなります。

そのように、念力で相手を縛り上げて動きを封《ふう》じてしまうようなことができるわけですが、宇宙人もよくこれを使っています。それを行うと地球人は無抵《むてい》抗《こう》状態になってしまうんですね。そういうことができるわけです。

もう一つは、透視《とうし》能力です。目の前にあるものではなく、遠隔地《えんかくち》にあるものを透視する能力ですね。これがあると、地球の裏側にあるものでも透視することができますし、もっと透視能力が高まれば、地球の裏側などというレベルではなく、遠く離《はな》れた星、すなわち、何光年、何十光年、何百光年も離れたところにある星まで透視することができるのです。

そして、この透視の際に、タイムスリップを同時に起こせるので、例えば、ある宇宙人を見て、「その宇宙人が、どういう所から来て、どのような生活をしていたか」ということまで透視できてしまうのです。そういう透視能力というものがあるわけですね。

さらに別の能力としては、もちろん、睡眠《すいみん》中に体外離脱《りだつ》をして中空を飛んで行くやり方もありますが、睡眠中でなくても、瞑想《めいそう》状態において、自分の魂の一部を異次元空間まで飛ばし、この世的には距離《きょり》が非常に離れた宇宙空間に行って帰ってくるぐらいのことはできるんですね。

そのような能力があれば、現実に行って見てきて、実体験を持ち帰るということが可能になります。

宇宙文明との融合《ゆうごう》が進んでいたアトランティス

トス　それから、何よりも、宗教指導者として、文明の方向性を決め、多くの人々をそちらの方向に引っ張っていく力、そうした総合的な力が非常に強かったと思いますね。

当時のアトランティスが全盛であったかどうかは、何とも言えませんが、少なくとも、とても近代化して、レベル的にかなり上がったということは言えると思いますし、レベルが上がったために、宇宙からの訪問者も当時は非常に多かったということが言えると思います。

あなたがたは、当時のアトランティスに、潜水艦《せんすいかん》の原理や飛行船の原理があったというように学んでいると思いますが、実際は、それを超えたものもあったのです。けれども、それを言うと、現代的にはなかなか信じてもらえないので、これまで活字にはしていなかったのです。

当時、宇宙に出て行くシステムを宇宙人と共同開発するところまで、実際は行《い》っていたのです。そういうことは、現代人には、とうてい信じられないことでしょう。「一万年以上も前の人が、人類がこれから向かおうとしているレベルまで行《い》っていた」というのは、ちょっと考えられないことだろうと思います。

また、原爆《げんばく》や水爆の原理のようなものも、すでにありました。戦争があった場合に、小都市レベルのものが消滅《しょうめつ》するという現象は、すでに起きていたのです。

当時でも、アトランティス大陸の外部には、ほかの国もありました。他の大陸には別の民族がいて、ときどき侵略《しんりゃく》戦争等も現実に起きていたため、やはり、防衛用の兵器というものがあったのです。

それは、ずばり、今の原爆や水爆と同じものではないのですが、物質をエネルギーに転換する装置と極《きわ》めて関係のあるやり方で、ある物質が違《ちが》う物質に変換されるときに出る膨大《ぼうだい》なエネルギーを利用した兵器であったと思われます。そういう兵器には、相手国の小さな都市や、島の一つぐらいは消滅させてしまうほどの力があったのです。

さらに、空中から攻撃《こうげき》するというやり方も、当然ありました。

幸福の科学では、「アトランティスには、飛行船や、シャチのような形の潜水艦があった」ということが説かれていますけれども、実際は、それだけではなく、もう少し進んだものまで持っていたということです。ある意味で、宇宙文明との融合《ゆうごう》に近いものはあったのではないかと思います。

アトランティスで発明されていた「クリーンエネルギー」の数々

トス　それから、これはアトランティスだけのものではありませんが、ピラミッド・パワーというものがありました。あなたがた現代人は、まだ、十分にその真価を手に入れていないようですけれども、やはり、ピラミッド・パワーというものがあるのです。

これも、現代人の誰《だれ》かが開発しなければいけないと思いますが、ピラミッド・パワーの本質は、実は、宇宙のエネルギーを集結させる力なんですね。

現代人の理解力では、「そんなことがあろうはずはない」と思っているでしょうが、実は、ピラミッド・パワーというものは働いているのです。これは本気で研究し、実験しなければ、おそらく分からないだろうと思いますね。

あと、もう一つは、空飛ぶ円盤《えんばん》の原理そのものですが、反重力装置のようなものの研究開発も行われていました。要するに、「磁石が反発し合う原理」というものがあるでしょう？　今、開発中のリニアモーターカーなども同じ原理ですね。

リニアモーターカーは、レールの上を走るというより、レールの上に浮《う》かんで走っています。そのように、磁石が反発して宙に浮き、飛ぶように走っていますが、そうした、磁石が反発する原理、反重力的な原理も、すでに発明されていたのです。

それと、今、ピラミッド・パワーが失われているのと同じように、もう一つ、生命エネルギーの転換というものが、現代では、十分になされていません。

宇宙からこの地球に来たときに、何がいちばん不思議かと言えば、やはり、植物の種が生長して、花になったり、立派な木になったり、あるいは、籾《もみ》が生長して穀物になったりしていくことです。

その植物の目的相応に、花が開いたり、小麦になったり、米になったりします。生長し、変化して、目的を成就するエネルギーというのは、まことに不思議なものなんですよ。

この「変化して生長していくエネルギー」を一種の動力源として取り出すことに成功したわけです。あなたがたの目には、「土と水だけがあれば、植物は勝手に大きくなる」としか見えていないでしょうが、「実は、そこに化学エネルギーが働いている」と判断したということです。

人間の肉体は、ある意味で、「たんぱく質でできた不思議なロボット」ですけれども、植物にも、「繊維質《せんいしつ》でできた不思議なロボット」「生命を持ったロボット」という面があります。そうした植物の生成エネルギーを取り出すことに成功していたのです。

そのように、アトランティスでは、いろいろなものからエネルギーを取り出すことができており、今、世界が目指している「グリーンエネルギー」あるいは「クリーンエネルギー」的な原理の研究は、そうとう進んでいたということですね。

現代には、アトランティス時代より進んでいるものもあるとは思いますが、時代的には、当時と非常に似ている感じはありますね。

当時も、地域間で文明のレベル差はそうとうあった

トス　あなたがたの多くは、文明史が残っている、ここ数千年よりも前の時代については、おそらく、「日本であれば、弥生《やよい》時代や縄文《じょうもん》時代、石器時代であり、その前は、もう動物と変わらない時代だ」と考えているでしょう。

ただ、現代でも、世界を見れば、ある地域では、人間も動物も変わらないような生活をしている一方で、宇宙にロケットを飛ばしているＮＡＳＡ《ナサ》（アメリカ航空宇宙局）のようなところがあります。こういうことが同時代にあるように、昔の時代においても、やはり、地域間でレベル差がそうとうあったという

ことですね。

それから、もう一つ、今はまったく理解されていませんけれども、私たちの時代には、イルカと会話ができるだけの力があったのです。現代でも、イルカは非常に知能の高い動物だと言われていると思いますが、まだ彼らと会話ができるレベルまでは行っていないでしょう。当時は、イルカの言葉を人間の言葉に翻訳《ほんやく》し、人間の言葉をイルカの言葉に翻訳する装置が開発されていて、イルカたちが、実は、地球生まれの生物ではないということを知っていました。

彼らは、元は宇宙から来たものであり、地球生まれの生物とは違うのです。ある星から来て、イルカの形に変化して地球に住みついたということを、われわれは突《つ》き止めておりました。

そのように、イルカの言葉を変換して意思を疎通《そつう》させることができたのです。

そうした不思議なことが、いろいろあったということです。

A――　ありがとうございました。

［注１］『宇宙人リーディング』（幸福の科学出版刊）参照。

2 「全智全能《ぜんちぜんのう》の主」の本当の意味

A――　先日（二〇一〇年三月二日）、大川隆法総裁が九次元大霊《たいれい》のマイトレーヤー如来《にょらい》を招霊され、今回と同じようにお話を伺《うかが》う機会がございました。

そのときに、マイトレーヤー如来は、「近年、神智学の始祖であるブラヴァツキー夫人として生まれた」ということを明かされ、「そうした神秘の知識については、実は、トス神《しん》から指導を受けていた」とおっしゃっていました。

そのように、トス様は、帰天されたのちも、西洋文明等のなかで、神秘主義についてご指導をされていたのでしょうか。

この世とあの世にまたがる「両義性」がエル・カンターレの特徴《とくちょう》

トス　ええ。まあ、私だけではありませんが、トス、オフェアリス、ヘルメスなどは、みな、神秘思想とかかわっている者です。神秘思想がなければ、宗教としては奥《おく》が浅いものになります。だから、この世の原理を持ちながらも、この世ではない、そうした神秘的な領域を持っているわけです。

これについて秘義を持っているのがエル・カンターレ系の特徴《とくちょう》であり、顕教《けんぎょう》と密教の両方を兼《か》ね備えているということですね。霊的なことしかできないかと言えば、そうではなく、この世的な学問、政治、経済、科学などにまで関心を持ち、この世を進化させる力を持っているのです。まあ、こういう両面を持っている不思議な存在、両義性のある存在なんですね。

「不思議な両義性」と言っても、あの世とこの世の両方にまたがっているというだけのことではありますが、それが、「全智全能《ぜんちぜんのう》」と言われたことと関係しているのです。

現代人は「心の力」を理解していない

A――　当時、トス神は、この世において、特に、「愛の教え」と「宇宙の構造論」、すなわち知的な部分を中心に説かれたと伺っているのですが、その一方で、「人間の能力は、開発すればいくらでも向上させ、進化させることができる」というような、自己実現の教え等も説いておられたと聴《き》いております。

その自己実現的な「人間の進化」という点に関する教えは、どのようなものであったのでしょうか。

トス　うーん、ですからね。現代の問題の一つは、やはり、魂《たましい》というものを否定する傾向《けいこう》というか、すべてを脳と神経の作用に帰《き》してしまっているところにあるのです。医学なども、発達している点について評価はしますが、やはり、人間の体を部品のように考えていて、心の存在を解明できていないし、心の奥にある魂の存在を全然解明できていない状態ですよね。

例えば、精神科においても、霊が見えたり、霊の声が聞こえたりするような人を、みな精神異常ということにしています。「どこか脳の一部が破壊《はかい》されたか、神経に障害をきたした」ということで、あとは、鎮静剤《ちんせいざい》を与《あた》えて隔離《かくり》するしか方法がないような状態になっていますね。

変なものが見えたりする現象が起きていること自体は本当なのですが、それをどうすることもできないために、「脳や神経が壊《こわ》れた」ということで全部統一してしまうような状況《じょうきょう》です。

そういう意味で、われわれから見ると、一面においては進化しているところもあるのですが、他の面においては非常に劣《おと》ったところがあるように思います。要するに、現代の医学は、「心の力」というものをまったく理解していないのです。人間の心によって、体を変化させることができたり、場合によっては、一瞬《いっしゅん》にして奇跡《きせき》が起きて、いろいろな病変を治したりすることも可能だということを、まったく理解していません。

これは、医学以外の領域、例えば、仕事のレベルにおいてもそうだろうと思います。

人と人との折衝《せっしょう》においては、現実に、それぞれの守護霊等が応援《おうえん》していることもあります。人と会って話しているときに思いついた内容は、やはり、インスピレーションを受けたものであることが多く、そのインスピレーションは、守護霊の力によるものであることが多いのです。

交渉《こうしょう》では勝ったり負けたりしますが、実はそれも、守護霊同士が裏で交渉をしていることがけっこうあります。

それで、「守護霊の力のレベルを上げるには、どうすればよいか」ということですが、確かに、守護霊そのものの精進《しょうじん》もありましょうけれども、この世の人間が、意志の力を強め、念力を強め、あるいは、「心の力」を強めることにより、それと連動して守護霊の力も強くなってくるんですね。

ですから、「未来構想力、つまり、心のなかで未来について構想をつくり上げる力が強くなれば、守護霊等も、それに合わせて仕事をし始める、協力して動き始める」というスタイルなのです。

「心に描《えが》いたものが現実化してくる」のが法則

このように、地上の人間のほうが意志の力を主体的に伸《の》ばすことによって、他の霊的存在まで動かし始めることができる。まず、自分の守護霊を手始めに、相手の守護霊を動かし、他のいろいろな霊的存在をも動かす。また、直接、相手の心の領域に入って影響《えいきょう》を与える。こういうことができるようになります。

これが自由自在にできるようになりますと、例えば、陰陽道《おんみょうどう》では、「陰陽師《おんみょうじ》が、『式神《しきがみ》』を使って、いろいろなことをした」と言われていますが、それと同じような感じになるのです。つまり、明確に存在する霊的なものを使って、いろいろなことをし始めるようになるわけですね。

「心の力」というのは、要するに、霊界のいろいろなものを使うことができるようになるということです。それが、交渉事を成功させたり、あるものを未来に実現させたりする力になるわけですね。

実際、霊界では、心のなかで描《えが》いたとおりになります。ただ、この世でも、速度は遅《おそ》いし、いろいろな努力は要《い》るのですが、「心で強く思い続けたものが現実化してくる」という法則は同じなのです。この世では、少し遅いことは遅いけれども、そのようになってくるわけなので、その力を磨《みが》き上げ、自らの実力にしていく必要があります。

現代人は、この点において、当時の十分の一の能力も持っていない状態ですから、もっともっと真実を知らなければいけないと思いますね。

「信じる力」を強め、破壊《はかい》想念を吸い込《こ》まないようにせよ

トス　現代は、信仰《しんこう》を否定する勢力のほうが強く、「信じない力」が強いので、いろいろなことが現実に起こらずにいるのですが、「信じる力」のほうが強くなってくると、この世の法則と思われるものが、ねじ曲がっていくようになるんですね。
みなが、「絶対に起きない」と思っているようなことは、なかなか起きない

ものですけれども、みなが、「必ず起きる」と期待し始めると、実際に起きてくるようになるのです。

特に気をつけなければいけないのは、「現代社会においては、『悪いことが起きる』ということを、人々が共通心理として引き寄せる場合がよくある」ということです。そういう危険性が高いのです。例えば、人々が、「地震《じしん》が来る」とか、「津波《つなみ》が来る」とか、「世の終わりが来る」とか、あまりにも強く思いすぎると、そういうものを引き寄せてくることがあるので気をつけなければいけません。

それから、「破壊《はかい》想念」というものが地球に溜《た》まってきています。これは、地球に溜まった「集合的な業《ごう》」のようなものであり、自分で自分の首を絞《し》めているだけのことなのですが、そうした破壊想念を現実に吸い込《こ》み始めて、政治システムや経済システム、科学システムなど、いろいろなもののなかに入ってくると、未来を暗くする方向で現実化することがありうるということなのです。

A――　ありがとうございます。大導師トスが、「この世とあの世にまたがる両義性」を持たれており、その意味での「全智全能」であることがよく分かりました。

それでは質問者を替《か》わらせていただきます。

トス　はい。

3　霊界《れいかい》でのトス神《しん》の仕事

Ｂ――　大導師トス神《しん》よ、ご降臨、まことにありがとうございます。心より感謝申し上げます。

私は、メディア文化事業局、儀典《ぎてん》芸術局を担当しております○○と申します（当時）。よろしくお願い申し上げます。

トス神におかれましては、今、九次元世界でどのような仕事を担当しておられるのでしょうか。差《さ》し支《つか》えのない範囲《はんい》でお教えいただければと存じます。

アメリカを中心にニューエイジ運動を起こした

トス　私は、幸福の科学でもときどき使われておりますので、特に離《はな》れた存在ではないのです。

今は、幸福の科学学園系の仕事が多くなっております。なぜ私が呼ばれるのか知りませんが、学園系は、私の力を引っ張ってきています。「トス神は学問の神だ」と理解しているらしく、ずいぶん引っ張られるので、今、そちらを応《おう》援《えん》しており、幸福の科学学園や大学のほうを後押《あとお》しする霊的《れいてき》な光として存在しようと思っております。

幸福の科学では、普段《ふだん》は仏陀《ぶっだ》やヘルメスが中心的に仕事をしておりますので、私どもは、それほど豊富に仕事があるわけではありません。

私は、主として北米を中心に、今、いろいろな霊的指導を行っているところです。北米と言っても、アメリカが中心です。やはり、文明の最先端《さいせんたん》を行《い》っているのはアメリカですので、アメリカのほうの進化速度を上げるために、今、霊的に影響《えいきょう》を与《あた》える仕事を中心にやっております。

アメリカでも、いろいろなところで、例えばチャネリングなどのニューエイジ運動が起きたりしていますね。ニューエイジと言っても、もう二十一世紀になったからニューエイジではないのかもしれませんが、そうしたニューエイジ運動等も陰《かげ》からそうとう指導してまいりました。雨後《うご》の筍《たけのこ》のごとく、たくさんの団体をつくるために、霊的にも指導いたしました。

特に、今、ちょうどあなたがたもやっているように、霊界との交信や宇宙からの交信というようなものにも、深いかかわりを持っております。

そうした、霊文明の進化、および科学文明との接点があるようなところで、数多くの指導を行っているということですね。

それと、アメリカは、日本とは違《ちが》って、宇宙人との交渉《こうしょう》、交流が五十年以上進んでおりますので、そちらのほうも陰ながらウオッチ（注視）しております。

宇宙人から技術供与《きょうよ》を受けているアメリカ

B——　アメリカは、技術開発において、宇宙人の協力を得ていると言われていますが、トス神は、それをどのようにご覧になっているのでしょうか。

トス　アメリカは、現実に、宇宙に出ていろいろな活動をしているではないですか。だから、必要なことは数多く学んでいると思いますよ。でも、できるだけ、それを知られないように努力しているということですね。

ですから、宇宙人が、地球人をアブダクション（誘拐）して、そのさらっている間の記憶《きおく》を消して元の場所に戻《もど》し、睡眠《すいみん》障害のように見せていることがよくあると言われておりますけれども、宇宙人だけの仕業《しわざ》ではなく、地球人もそれに協力しています。

あなたがたが知っているものとしては、例えば、「メン・イン・ブラック」という映画があったと思いますが、その映画のように、宇宙人と接触《せっしょく》したり、UFOを見たりした人たちの記憶を消していく仕事に協力しているセクションがあります。

実際、あの映画のとおりで、黒装束《くろしょうぞく》に身を包み、黒いサングラスをかけた男たちが、現実に存在しています。そして、宇宙人の目撃《もくげき》情報が、テレビ局や警察署、あるいは空軍などに寄せられてくるのを盗聴《とうちょう》していて、そういう内容をキャッチしたらすぐに急行し、彼らの記憶を消すということをやっています。

つまり、宇宙人に関する情報は秘密事項《じこう》であり、外に出ないように努力しているのです。なぜかと言うと、一つは、もちろん、国民がパニックを起こさないようにしなければいけないからです。

段階を追ってそれが分かってくるようにし、みなが安心して、十分に対応できるようになった段階で、そういう事実を明らかにしていく方法を取ろうとしているのです。

もう一つは、現実に宇宙人から技術供与《きょうよ》を受けており、それが知られてしまうとアメリカの軍事的優位性が失われてしまうため、秘密にしておきたいということですね。

軍部の一部では、「宇宙人が堂々と接触して技術指導し、その見返りに、地球人からいろいろと便宜《べんぎ》を図《はか》ってもらう」ということが起きています。現実に、アメリカは五十年は進んでいますね。

今、アメリカがいちばん関心を持っているのは、宇宙からの攻撃《こうげき》兵器、あるいは宇宙における攻撃兵器なんですよ。

すでに、地球上の国同士の戦いよりも先のレベルまで考え方が進んでいます。「スターウォーズ計画」で、宇宙から地球上の他の国を攻撃する方法の開発は終わっていますが、さらに、宇宙にはいろいろな星の人たちがいますので、「万一、高度な科学技術を持った宇宙人たちが、地球侵略《しんりゃく》を目指してきたときに、どのように防衛するか」ということを、今、戦略的に研究しているのです。それで、一部の友好的な宇宙人たちに技術協力をしてもらっているということですね。

すべての宇宙人と同じように交流することはできないので、一部、友好的なところと交流をしています。それは、かつての日本が、オランダとだけ長崎《ながさき》の出島《でじま》で交流していたような状態でしょうか。そういうことが現実にはあります。

そして、それにかかわった者のなかで、秘密をマスコミに公表しようとした人たちは、次々と謎《なぞ》の死を遂《と》げたりしております。

B――　トップシークレットに当たるようなことをお話しいただき、本当にありがとうございます。

4　文化芸術面から見たアトランティス文明

B――　トス神《しん》は、アトランティス文明の最盛期をつくられたと教えていただいておりますが、文化芸術方面においては、どのような文明が花開いたのでしょうか。

トス　文化芸術方面ですか。あなたの仕事にかかわるようなことと理解すればよろしいのでしょうか。

B――　はい。

物を空中に浮《う》かせる技術を用いた高層建築

トス　そうですね、現代と比較《ひかく》してみると、やはり、建築物がかなり変わっていたのかなあということですね。

現代的には、建築をするのに、ブルドーザーだとか、クレーン車だとか、そういうものを使って、重いものを持ち上げたりしています。

つまり、高層ビルを建てるときに、「一つのフロアをつくったら、クレーンを上に上げる」というかたちで、だんだん上に上げていき、最後は、そのクレーンを解体して降ろすということをしていますね。

現代のビルづくりでは、そういうことをしていますが、私たちから見たら、「よくもまあ、そんな複雑な手法でつくるものだなあ」と、非常に不思議な感じがします。

私たちは、物を空中に浮《う》かせる技術を持っていました。重力をなくすというか、物の重さをなくす方法を開発していたので、重い物を軽々と持ち上げることができたのです。

それは、先ほど言った、リニアモーターカーなどの原理と同じで、一定の反発し合う物同士の力を使って、空中に浮かせてしまうわけです。どんな重い物でも、地上から、あるいは、ある物の上から浮かび上がらせる技術を持っていました。

これは、現代文明にもある技術の延長上のものなので、それほど難しいものではないとは思います。ただ、リニア的な技術は、十センチぐらい浮くものでしょうけれども、アトランティスでは、もう少し上に持ち上げるだけの力はあったわけですね。そういう科学技術があったのです。

それは、ある種の電気系の研究が進めば分かるようになることではありますが、その反発作用を用いて、さまざまな重量物を持ち上げていたので、建築については、かなり楽々とできましたね。

ですから、ピラミッドの建設などにおいても、そうした原理をそうとう使いました。何十トンもあるような重い石でも、浮かび上がらせることができたということです。そういう技術を持っていたのですが、後世、そういうものはしだいに失われていきました。

でも、この技術はまもなく開発されるだろうと思いますね。徐々《じょじょ》に気がついてきているようなので、まもなくできるようになると思います。

そういう意味で、建築物の建築については、かなり自由性を持っておりました。今のような鉄筋コンクリートのビルディングではなく、いろいろな素材のものがありえたのです。石のもの、合金製のもの、あるいは、ガラスのような水晶《すいしょう》を使ったものなど、いろいろなものがありました。

そういう、いろいろな素材を組み合わせた立体設計をし、その設計に合わせて物を動かして組み立てていくわけです。要するに、パッチワーク風に、「すでに出来上がっている部品を集めて組み立てる」という建築の仕方ができたのです。

その意味で、現代的な建設の仕方とは少し違《ちが》います。特に、摩天楼群《まてんろうぐん》のようなものであれば、現実にはそうとうの高さのものまであったと思いますね。いわゆる「バベルの塔《とう》」に象徴《しょうちょう》されるような、非常に高い塔もありました。まことに不思議なことですが、当時は、そのような形のもので、地上千メートルぐらいあるような建物もあったのです。

エジプトのピラミッドは技術的に退化している

B――　エジプトには、今でもピラミッドが遺《のこ》っておりますが、あれはアトランティスから伝わってきた建築技術を使って建設されたものなのでしょうか。

トス　まあ、かなり退化したものではあると思いますね。かなり退化していま す。

ただ、あのピラミッドの建設年代は、現在推測されているよりも古く、やはり一万年を超《こ》える古さがあります。アトランティスの末期からそう遠くはないので、ある程度そういう技術を持った者が、少しは残っていたと思われます。しかし、物を空中に浮かせる原理そのものは失われていき、時代が下ってくると、「労働者を使って、石を切り出し、積み上げる」というレベルまで落ちていったように思います。

だから、進化したのではなく、退化していっている面はかなりありますね。

その技術を具体的に伝えたのは、おそらくアガシャーの息子であるアモンだと思います（『大川隆法霊言全集　第6巻』〔宗教法人幸福の科学刊〕参照）。

アモンたちがアトランティスからエジプトに逃《のが》れてきて、アモン信仰《しんこう》、アモン・ラー信仰（「ラー」とは王の意味）のもとになったわけですが、彼らは、そうした飛行船の技術や建築の技術を、一部、持っていたと思います。

美の基準は現代とは少し違《ちが》っていた

トス　美学的なセンスとしては、現代に比べますと、シンメトリーといいますか、対称的《たいしょうてき》な図柄《ずがら》のようなものを非常に好む傾向《けいこう》がありました。つまり、何というか、乱れた感じの形のものはあまり好きではなく、どちらかと言えば、幾何学的《きかがくてき》な文様《もんよう》を好む傾向があったということですね。

もう一つは、まあ、これは文化芸術には関係がないことですけれども、肉体面の修復もかなり可能でした。病気や事故等の怪我《けが》によって肉体の一部が損傷したときに、それを復元させる技術があったのです。

今は、美容整形の技術等も少しあるのかもしれませんが、そうしたものがかなり進んでいたところがあり、美の基準も、現代とは少し違《ちが》っていたかもしれませんね。

タイタンやオアンネスなどの人種も存在していた

トス　また、アトランティスの時代には、現代の人種とは違う種類のものが数種類は住んでいました。そのアトランティス種は、文明が滅亡《めつぼう》してからいなくなってしまいましたが、そのなかには、身長が三メートルを超えるタイタン、つまり巨人族《きょじんぞく》もいました。この巨人族は、食糧難《しょくりょうなん》に陥《おちい》りやすいことが弱点でした。

今は滅《ほろ》びていますが、タイタンという巨人族がいたのは事実であり、そうしたアトランティスの神話は、エジプトやギリシャのほうに流れていって、神話の一部として遺っています。

それから、宇宙からやって来て、地球に適合する肉体をいろいろと模索《もさく》している者もいました。現代にはもういませんが、そういう「変化」の途中《とちゅう》段階にある存在も住んでいたということです。

例えば、人間だけれども、「尻尾《しっぽ》を引きずっている存在」なども、現実にはいました。あるいは、人間だけれども、「耳が非常にとがっていて、今の人間のような耳の形になっていない者」や、「首の一部にえら呼吸をする器官が残っている者」などもいましたよ。いわゆる半魚人《はんぎょじん》ですね。

つまり、「陸上にも上がってこられるが、水中で暮らすこともできる」という半魚人が住んでいたのです。彼らは、オアンネス（Oannes）と呼ばれていましたが、半人半魚《はんじんはんぎょ》で、えらのある人間です。

人間として言葉も話せます。そして、海のなかに住むこともできるし、陸に上がってくることもできるのです。足も生えていますが、尻尾もついています。彼らは、元は、昴《すばる》、すなわちプレアデスから来た者ですね。

プレアデスでは、星がかなり散開していて、いろいろな星があるのですが、そのプレアデス散開星団の一部に、オアンネスと言われる種族がいて、これが半人半魚の姿を持っているのです。彼らが人魚《にんぎょ》伝説のもとになっていると言ってよいと思います。

このアトランティスの時代にいた半魚人は、海に住めるため、アトランティス滅亡後も、もう少し生き延びて、古代シュメールの時代までは存在が確認されています。あるいは、現代でも、一部にはまだ住んでいるのではないかとも言われています。

ただ、数が少なくなっているため、そう簡単に捕獲《ほかく》することはできませんが、各地に人魚伝説等が残っているように、そうした半魚人は、かつては存在したのです。少なくとも、数千年前までは、かなりの数が存在したと言えますね。

そのように、いろいろな種類の人類がありえたということですが、結局、地球での生存に適した体を持つものが繁栄《はんえい》していき、地球での生存に適さない種族が、しだいに数を減らしていったというのが真相です。

半人半魚のオアンネスも、一種の神として崇《あが》められた時代はあったのです。そういう伝説は、古代シュメールにもありますが、中南米にもあるはずです。ビラコチャでしたか？　確かチチカカ湖のほうに現れた神様というのがいたと思います。

でも、こういう人たちは、元は宇宙人なのです。宇宙に住んでいて、やはり、両生類的な生活をしていた人たちです。彼らは、海でも陸でも、どちらにでも住むことができた人たちなので、具合のよいほうを選べたわけです。

こうしたものが、人魚伝説になったり、竜宮《りゅうぐう》伝説になったりして、今も残っているのではないかと思われますね。

B――　ありがとうございました。

5 「エル・カンターレ文明」に必要なもの

B――　私どもは、今、のちの世に「エル・カンターレ文明」と呼ばれる文明をつくろうとしています。これは、すべての分野において、地球史上最高のものを目指していこうとする文明だと思っています。

この「エル・カンターレ文明」に関し、最盛期のビジョンがございましたら、そのイメージをお教えいただければと存じます。

「霊界《れいかい》の解明」と「宇宙技術の進歩」とは裏表の関係

トス　やはり、科学技術がまだ少し遅《おく》れているので、これで最盛期とは、まだ言えないと思っております。

宇宙に行く技術をもっと進めなくてはいけません。この部分の差を急いで縮めないと、ニーズに合わせられないのです。宇宙から、そうとうアクセスを受けているにもかかわらず、こちらの技術力が低いために、レスポンス（応答）ができないでいるわけです。

意外に、現代文明は、ここ二百年ぐらいで急速に進化はしてきているのですけれども、理科系統の停滞《ていたい》がかなり長かったのです。これは、宗教が古代から中世を支配したことも大きいのかもしれません。

したがって、科学技術を否定しない宗教が望まれます。

ただ、「科学技術が発展して、宗教が否定される」というようなかたちでも、また困るのです。

実際には、「霊界《れいかい》の解明」と「宇宙技術の進展」とは、同じものというか、裏表なので、霊界を解明し、次元変換《へんかん》の機能を持たなければ、宇宙旅行はできないのです。

霊界を否定しているうちは、宇宙旅行は、たぶん無理だと思われます。だから、霊界の存在を正確に知らなければいけないと思います。

物理学のほうでは、今、四次元、五次元、六次元、七次元、八次元、九次元といった、次元の違《ちが》いがあることぐらいまでは分かっているのですが、それが、具体的に、どういうものであるのかが、よく理解できていません。

また、素粒子《そりゅうし》のところなど、霊的存在と物質存在との境目のところが、今、研究対象になってきているのですが、そこが、もうひとつ分からないのです。

人間の体を見ると、さまざまな分子でできており、分子は原子からできていますけれども、原子は、原子核《かく》と、その周りを回る電子でできています。

原子核を、東京ドームのマウンドの辺りにある、一個の野球ボールだとすると、電子は東京ドームの周辺を回っているようなものです。このように、原子は、ガラガラの〝中空構造〟になっています。

このような構造であるものを、あなたがたは、非常に緊密《きんみつ》な、鉄板のようなものでできていると理解しているわけです。

この宇宙は、本当は、そのようなスカスカの状態になっています。物質化しているのは、ほんの一部、点のような部分だけでしかなく、あとは、ほとんど〝真空状態〟ですが、これを物質ならしめている力があるわけです。その力のもとにあるものは何であるかというと、「かくあれ」という神の念《おも》いです。

このへんは物理学と宗教とが力を合わせて研究しなければいけない領域だと思います。そうすれば、もう少し分かってくると思います。次には、それが必要なのです。

霊界科学をやらなければ、宇宙科学は先が開けません。

いくらやっても、この世で、いくら速度を上げても、それ以上に上げなければ、宇宙の旅は最終的には成就《じょうじゅ》しないのです。生きているうちに、出発地まで帰ってこられません。それだけの距離《きょり》があります。

あなたがたがよく言う言葉に、「ワープ」というものがありますが、宇宙空間をワープするためには、やはり、次元の壁《かべ》を超《こ》える方法を編み出さなければならないのです。

そのためには、どうしても霊界の研究が必要になってきます。だから、宗教を否定した科学に先はありません。

それを合一させるのは、やはり、幸福の科学だと思います。

これが、やらなければいけないことの一つです。

「宇宙人との交流」を中心にした、新しい時代の教えを

トス　もう一つ、文化的なレベルにおいては、「これから、宇宙に出て行ったりする時代になって、宇宙人との交流が増えてくるので、やはり、宇宙人との

交流を中心にした、新しい時代の教えを、きちんと説いておかなければいけない」ということです。

今、「宇宙の法」の序章が始まっているようでありますけれども［注2］、それは、これから先、ますます大事なことになるでしょうし、宇宙人との交流のあり方、付き合いのあり方のようなものを語ることが、たぶん、今の時代の預言者の使命になってくるだろうと考えられます。

B――　分かりました。宗教と科学を融合《ゆうごう》して、最高のエル・カンターレ文明の礎《いしずえ》を築いてまいりたいと思います。ありがとうございました。

質問者を替《か》わらせていただきます。

トス　はい。

［注２］二〇一〇年以降、『「宇宙の法」入門』『宇宙人リーディング』（共に幸福の科学出版刊）など、「宇宙の法」に関する書籍が次々に発刊されている。

6　天才が輩出《はいしゅつ》する土壌《どじょう》とは

C――　大導師トス様、本日は、ご降臨を賜《たまわ》りまして、まことにありがとうございます。私は幸福の科学出版の○○と申します（当時）。よろしくお願いいたします。

トス　あなたは、昔、私の近くにいた人ですね。

C――　そうですか、はい。ありがとうございます。非常に光栄です。

先ほどからお話を伺《うかが》っておりましたが、超天才《ちょうてんさい》であるトス様の下《もと》で、アトランティスは最盛期を迎《むか》え、本当に近代化し、レベルが上がったことが分かりました。天才を生み出すような土壌《どじょう》があり、各分野で天才が数多く輩出《はいしゅつ》したのではないかと考えております。

今後、日本でも、新文明を担《にな》う優秀《ゆうしゅう》な人材を輩出していきたいと思っております。

トス様は、今、幸福の科学学園をご指導してくださっているとのことですが……。

トス　はい。指導しています。

C——　ありがとうございます。

トス　天才児を創るのでしょう?

C——　はい。

トス　私が指導します。

C——　ありがとうございます。

私たちは天才教育に踏《ふ》み込《こ》んでいかなければならないと思うのですが、各人の天分を伸《の》ばし、天才を育てていくために、どのようなことをさせていただけばよいのか、アドバイスをいただきたく存じます。

　また、よろしければ、トス様の下での最盛期のアトランティスにおいて、天才が輩出する、その土壌にあった、文化や教育というものを教えていただければと存じます。

人間の能力は十パーセントも開発できていない

トス　「人間の能力が、どのくらいあるか」ということを、現代人は知りません。現代人が知らないというか、現代の教育が知らないというか、現代の教師が知らないというか、いろいろ見方はあるかもしれませんが、いずれにしろ、「人間の能力が、どのくらいまであるか」ということを知らないでいるのです。

私などから見れば、人間の持っている能力のうち、やはり、十パーセントも開発できていないと思うのです。残りの九十パーセントは、まだ開発されていない未知の領域です。

だから、太平洋があっても、そこを、ただの海、ただの塩水だと思っているような状態です。

太平洋のなかには、いろいろな生き物もいますし、その海底には、さまざまな鉱物も眠《ねむ》っており、太平洋は生命の母胎《ぼたい》にもなっています。

人間にも、そういう大きな〝海〟があるのです。これは能力のことを比喩《ひゆ》で言っているのですけれども、そうした大きな海の部分に人間の大きな能力があることを知らないで、陸地だけが人間の能力の範囲《はんい》であると思っているのです。そういう生き方をしているわけです。

だから、陸上のみが自分たちの能力の届く範囲だと思っています。

しかし、実際には、太平洋、あるいは、地球における海の部分の全部が、本当は能力の範囲内ですし、さらには、地球の大気圏《けん》、あるいは、それを超《こ》えた宇宙にまで、その能力が及《およ》ぶものなのです。

能力の定義のところで、実際には、まだ、不十分なものにとどまっていますが、このもとにあるのは、やはり、唯物論《ゆいぶつろん》的思考です。これがいちばん危険であり、人間を狭《せば》めて小さなものにしている傾向《けいこう》が非常に強いのです。

人間の能力を狭め、小さな機械の一部にしてしまう考え方と、やはり、命なるものを、この世的な、小さなものに限定していき、この世的な生存の権利のようなものに狭めていく考え方、これが、人間の考え方を小さくし、ある意味での愚《おろ》かさにつながっているように思います。

正しい世界観の下《もと》で、能力の開発を進めよ

トス　したがって、まず、「この世を超えた世界を生き通している生命」という生命観を教えなくてはいけませんし、「人間には、この世の常識で捉《とら》えられている能力を超えた、幅広《はばひろ》い能力が存在する」ということを知らせなくてはいけません。

また、「心のなかにある内的空間には、実は、宇宙空間ともつながっているところがあるのだ」という人間観を持たせなくてはいけないと思います。「心の中心部分には、実は、宇宙のすべての世界に通じるものがあるのだ」という世界観を与《あた》えなければいけないわけです。

その第一号というか、いちばん限定的なレベルが、「人間は、霊的《れいてき》な存在、魂《たましい》を持った存在である」ということと、「死後の世界はある」ということ、そして、「あの世の世界から、この世に生まれ変わってくるのだ」というようなことです。

こういうことが第一義的にあるのです。

いちばん簡単な教えとしては、「生き通しの命がある」ということです。それから、「その生き通しの命は、やはり、神仏なる存在から与えられたものであるのだ」ということを認識させることと、「その生き通しの命の中核《ちゅうかく》部分は、実は、目で見える宇宙と、宇宙の生命と、つながっているのだ。宇宙は全部、つながっているのだ」ということです。

ここまで認識力を広げていかねばならないのです。

こうした人間観の下《もと》に教育がなされていけば、能力の開発は、さらに進んでいくだろうと思います。そして、いろいろなレベルで、人間の能力に限界を設けないで研究すれば、もっともっと能力は開発可能になってくるだろうと思われます。

先ほどから言っている、超能力的なもの、六大神通力《じんつうりき》的なものは、本来、人間に備わっているものなのですが、現代人は、現代文明に汚染《おせん》されて、それを、ほとんど使えなくなってしまっています。

それは、本当は、それほど難しいことではありません。三次元生活をしているうちに、各人の心の〝ガラス窓〟が曇《くも》ってしまい、外の世界が見えなくなっている状態、あるいは、光が十分に射《さ》さなくなっている状態が、現在の人間の姿なのです。

だから、「心のガラス窓が、磨《みが》かれて透明《とうめい》になり、素通《すどお》しになることによって、外の霊的世界との交流が自由自在にできるようになってくる。外の世界が見えるようになってくる」ということです。

そうなれば、人の心も分かるようになりますし、お互《たが》いに通じるようになります。心が通じるようになれば、宇宙的な視野を持った人間が育ってくるようになって、それは、おそらく、新人種になるでしょう。そういうことが言えると思います。

「外国語の学習」と「理数系の研究」を同時に進める

C――　先ほど、「地球は、科学技術では、まだ圧倒的《あっとうてき》に遅《おく》れている」というお話がございました。理系の天才たちが日本から輩出《はいしゅつ》するには、理系の才能を開花させなければいけないと思います。

日本に、天才を輩出していく土壌《どじょう》をつくり、特に理系の天才を生み出していくためには、どのようなマインドが必要でしょうか。

トス　日本語というものが、今、一つの限界にはなっているのだろうと思います。日本語は国際語になっていないために、学問的な領域において、外国のものを日本のものにしたり、日本のものを外国のものにしたりすることが、言葉の壁《かべ》に阻《はば》まれて、時間的に遅れています。英語で書かれたものや、他の外国語で書かれたものを日本で理解する場合も、日本で開発されたものを外国に紹介《しょうかい》する場合も、どちらにおいても、やはり遅れているところがあるのです。

日本で発明されたものには、もし同じことが英語圏《けん》で行われたら、きちんとノーベル賞をもらえたようなものが、たくさんあるはずです。

ノーベル賞レベルの発明が、日本企業《きぎょう》の内部で、いくらでも現実には起きているけれども、日本での発明であるために、ノーベル賞受賞には至らない場合が、たくさんあるわけです。

ただ、日本語自体は、言葉の組成から見て、そう簡単に国際語にはならないだろうと思っています。

宇宙人たちも、「日本語は難しい」と、みな言っています。宇宙人には、日本人に〝帰化〟したくない人が多いらしく、「もっと簡単な言語のほうが、やはり楽だ。アルファベットの二十三文字しかないのは非常に楽だ。漢字とカタカナ、ひらがななどがあって、日本語は非常に難しい」と言っているのです。

国際語としては、英語が優位ではあるので、そうした外国語の学習と、そういう、数学や理科など理数的なものの研究も同時に進めなければならないのではないかと思います。

また、逆に、日本独自で発達した研究等のなかで、値打ちがあるものを、海外に伝えていこうとする努力も要《い》るのではないかと思うのです。海外に十分に知られれば値打ちがあるものなのに、それが正当な評価を受けていないようなこともあるわけです。

幸福の科学が製作した映画であっても、例えば、英語圏のハリウッドでオリジナルにつくられたとしたら、もっと世界的に広がるかもしれないのですが、そうはならないで、「日本のアニメ」というところで終わっているような面もあるわけです。

そういうことを考えると、学問的な進化には、やはり、「国力の進展」ということも非常に大事かなと思います。国力が、これから、滝壺《たきつぼ》に落ちていくように下がっていくのであっては、学問も使命が果たせないので、幸福実現党のほうで目指している「富国」ということも大事であり、国を富まし、世界に情報を発信できるような力を持たなければいけないのではないかと思います。

卓越《たくえつ》した才能を持つ者へのサポート体制をつくれ

トス　日本に足りないのは天才教育です。これが圧倒的に足りません。凡人《ぼんじん》教育、もしくは、平均的秀才《しゅうさい》教育の比重は大きいのですが、やはり、特別な領域で才能を持っている者に対して、かなり義務を免除《めんじょ》する考え方が、ある程度、あってもよいと思うのです。

例えば、音楽なら音楽で卓越《たくえつ》した才能を持っている人に、五教科のすべてを満遍《まんべん》なく、一生懸命《いっしょうけんめい》に教え込むと、教えられた人は、何か能力が平凡になってくるのではないかなと思います。

だから、一定の範囲《はんい》内で、標準レベルを超《こ》えた能力を持っているような人に対しては、サポート体制を敷《し》かなければいけないと思うのです。

こういうところに関して、独裁国家や全体主義国家には、意外に優《すぐ》れている点が昔からありました。

それから、日本では、宇宙人についての研究が遅れているのと同時に、超能力の面での研究もすごく遅れています。マスコミの影響《えいきょう》もあるでしょうけれども、そういうものは、冷やかしの対象でしかないわけです。

進化している人類であっても、それが、ほとんど、詐欺師《さぎし》、トリック師のたぐいとして見られていて、その人生を全《まっと》うできずに挫折《ざせつ》する傾向《けいこう》が非常に強いのですが、そうした才能ある者の才能も伸《の》ばしていかねばならないと思います。

心が、善なるもの、神仏の方向に向かっていて、透明度《とうめいど》を増していくことが大事です。さらには、持って生まれた才能もあります。それには、遺伝的なものもありますが、宇宙から来ている、いろいろな特色ある魂《たましい》もいるので、ある程度、そうした能力を発揮させることで、全体的なレベルは上がっていくことは知らなければいけないと思います。

あと、語学の壁があるので、やはり、語学のほうには力を入れなくてはなりません。日本のもので、よいものについては、それを海外に伝えていこうとする努力が要りますし、海外のものも日本に容易に伝えられるように、体制をつくっていかねばならないわけです。

科学的な論文などは、英語に訳さないかぎり世界的には通用しない状況《じょうきょう》になっています。だから、英語力が低ければ、偉大《いだい》な発明をしても、それを伝えることができないわけです。

例えば、豊田佐吉《とよださきち》が発明したことがノーベル賞に値《あたい》したとしても、英語が使えない豊田佐吉は、ノーベル賞を取ることができません。そのようなことが現実にはあるわけです。

私は、幸福の科学学園では天才児養成をするつもりでいるので、素晴《すば》らしい人材が育つと考えています。

C―― ありがとうございます。

7　新しい時代における「女性の役割」

C――　次の質問をさせていただきます。

現代も文明が高度になり、高学歴の女性が増え、高度な仕事に就《つ》く女性も増えております。

ただ、イスラム圏《けん》の女性に比べ、トス様が指導しておられる北米、アメリカの女性は、地獄《じごく》に堕《お》ちる割合が高いなど、「この世とあの世を貫《つらぬ》く幸福や成功」という意味では、文明的にも、まだ、試行錯誤《しこうさくご》中、実験中であるかと思います。

そこで、現代女性のあり方の参考にさせていただくために、お伺《うかが》いいたしますが、トス様のころ、アトランティス全盛期の女性たちは、どのような役割を担《にな》い、どのような仕事をしていたのでしょうか。

アトランティスでは、男女差別の考えはあまりなかった

トス　当時の女性は今の女性より劣《おと》ってはいなかったと思います。現代の西洋文明、あるいは、西洋文明化しつつある現代の日本社会から見て、女性の地位や仕事能力、学力そのものにおいて、アトランティスの時代の女性が、今の女性よりも劣っているとは思えないのです。

男性より優《すぐ》れている人はたくさんいました。科学者や医学者、技術者、研究者のなかにも、そうといました。もちろん、芸術家その他にも進出していた

ので、意外に男女差別の考えはあまりなかったのです。

当時、あなたは私の助手に近い立場の人でした。そして、今世《こんぜ》は国語の先生だったのでしょうけれども、今世とは違《ちが》い、科学技術系の大臣を務めていた女性だったのです。

今は日本語しか教えられないかもしれませんが、あなたは科学技術系で大臣などを務めていた政治家なのです。そういう意味で、重要なセクションに就いていたと理解しています。

そういうことが許された時代なので、日本の女性は、まだまだ劣っていると思います。もう一段、高みに上《のぼ》ることができるのです。

今、優秀《ゆうしゅう》な女性に対しては、やはり、男性からの嫉妬《しっと》、やっかみもあります。

また、「文化的な伝統から見て、日本文化の調和から外れる」ということもあろうかと思いますし、西洋化した女性が悪く見えるところもあります。

しかし、それを通り抜《ぬ》けてしまえば、「人類の意識として、生まれつきによる男女の性差をもって差別するような心が、どれほど低次な心であるか」ということが分かってくるようになります。

そういう認識を持つことによって、人類の認識力がさらに進化することはあるわけです。

男女の能力が公平に判定される時代が来る

トス　今の日本のスタイル、男女のあり方や結婚《けっこん》のあり方、女性の育て方等にも、それなりの美しさ、伝統的なもののよさもあるのだろうと思いますが、これからの時代には、もう通じないと見てよいのではないかと思います。

「女性が地獄に堕《お》ちることが多くなった」と言われていますけれども、それは、今、ちょうど、女性が目覚めようとしているところであり、男性と競合する原理のなかに入ろうとして、一時期、不適合が起きているだけです。

それを通り越《こ》したら、男女の葛藤《かっとう》が少なくなり、優れた女性や女性上司などに対しても、男性のほうが当たり前に受け入れるようになってくるので、そういう余計な葛藤による苦しみ、地獄というようなものは、少なくなっていくだろうと思います。

今は、かつての家制度や夫婦のあり方、また、子供が生まれたとき、男の子なら喜んで、女の子なら残念がるような風潮が、変わってきつつあるとは思いますけれども、機械文明も進んできたので、今後、男女の筋力の差のようなものの影響《えいきょう》は非常に少なくなってくると思われます。

農業においても、昔は、もちろん、男性のほうが圧倒的《あっとうてき》に有利だったでしょう。人類の、ここ数千年の歴史では、農業や漁業が中心だったことは事実であろうと思いますが、そういうものでは、やはり、体力の差が明らかに出ます。

農業、漁業、それから戦争においては、体力によって生産性に差が出るので、男性優位は圧倒的な流れであったとは思いますけれども、そういう時代は終わろうとしており、男女の性差を超《こ》えて能力が公平に判定される時代が来るのです。

それについて、「男性が、優れた女性に対し、アレルギーを持つ」というような考えもあろうかとは思うのですが、やはり、いろいろな時代に、いろいろな文化がありうるのであって、それも、魂《たましい》の経験として、あってよいことだと思います。

ある意味では、逆の意味での進化論というか、人類の淘汰論《とうたろん》から見るならば、男として、十分な尊敬に値《あたい》しない男性、あるいは、男として、それほど威張《いば》れるような立場にない男性が、男性であること自体でもって保護されすぎている社会になっているのではないでしょうか。

アメリカのような進歩的国家であっても、優秀な女性をまだ使い切れていない面はあると思われます。

女性に対する偏見《へんけん》は、一部、残っています。それは、有色人種に対して偏見を持っているのと同じです。体の大きな男が奴隷《どれい》代わりに使われるような感じで、やはり、惨《みじ》めさを感じるところはあるのかもしれません。

喧嘩《けんか》をしたら、大統領よりもボディーガードのほうが、強いのでしょうけれども、立場においては大統領のほうが偉《えら》いのです。

それと同じで、妻のほうが能力的に優れているのであれば、夫のほうが腕力《わんりょく》が上であっても、夫が妻に〝お仕《つか》え〟をしてもしかたがない時代も来ますし、そういう女性が出ることで、男性もまた引き締《し》まり、いっそうの努力を要求されることはあるでしょう。

日本では、まだまだ女性の能力が眠《ねむ》っている

トス　特に、今のように、学問が職業につながっていく時代になってくると、やはり、男女の性による差は少なくなっています。
「いろいろな大学で、優秀な女性が成績の上位を占《し》めている」と言われてい

ますけれども、現実にそうだろうと思います。有名な進学校になると、昔とは違い、理科系の女性も非常に増えてきているわけです。

だから、これは、単に「生まれによって」とは言えないことだと思うのです。やはり、文化の問題があると思います。

「理数系を勉強した女性は、要するに、男性の頭に似てくる」とよく言われていますが、理論的に筋道立てて考え、結論を出してくるタイプの女性に会うと、男が怯《ひる》むのです。

理論的にスパッと切ってこられると、萎《な》えてしまい、男性として自信がなくなってくる人たちがいるわけです。

これに対しては、薬品類で新薬を研究し、頭はよいけれども、女性らしさが出てくるようなホルモン剤《ざい》を、きちんと開発すれば済むことです。毎日、その錠剤を飲んで、それなりに、プンプンと、蝶が飛んでくるような雰囲気が出てくるようにしておけばよいわけです。これは可能です。

「数学や理科を勉強したから、女性らしさがなくなる」ということでは、あまりにも原始的すぎるので、そのような錠剤が必要です。それがあれば、たぶん大丈夫《だいじょうぶ》でしょう。必要があるところには道が必ず開けると思います。

私は、女性の進化度というか、女性の能力がどこまで眠《ねむ》っているかを見るかぎり、「日本は、まだまだ、文明として世界をリードするには足りない」と感じている者の一人です。

男女の差が、そんなに大きくあってはいけないのではないでしょうか。

ある意味では、共産主義思想にもよく似ていますが、「男女は、必ず、一組みに、ワンセットにならなくてはいけない」ということになると、「能力的に見て、男女が同等か、男性がやや有利な状態で、偏差があったほうが、社会全体としては、結婚している家庭の比率が高まる」という、生物学的、社会学的な考え方はあるのだろうと思います。

しかし、今の都市部では、もう、五割を超えて、六割ぐらいも、結婚しない女性が出てきています。要するに、「そこらの平凡《へいぼん》な男性と結婚し、自分の仕事を奪《うば》われることは、人生的に見て割に合わない」という考えが蔓延《まんえん》してきているわけです。

しかし、そういう考え方も、少数のうちは異端《いたん》ですけれども、過半数になってきたら、異端ではなくなってくるのです。そういう考え方を持っている人が多くなり、過半数を超えてきたら、やはり、そういう人たちを不幸にしないような社会を、建設しなければいけなくなってくるわけです。

そういうことがあります。

「他の人と同じでなくてもよい」と考える文化を

トス　もう一つ、「他の人と同じでなくてもよい」という考え方もあります。

これは、もう、文化の変化だと思うのです。

昔は、男の子を産めるかどうかが、結婚した女性の条件であり、「嫁《か》して三年、子なきは去れ」と言われました。特に、男の子、跡継《あとつ》ぎが産めなかったら、結婚としては失敗とされ、その女性は、いじめられる傾向《けいこう》にありました。

しかし、今は一人っ子が多くなって、「どうせ一人なら、女の子のほうがよい」と言われています。

男の子であろうと、女の子であろうと、親の面倒を見ない傾向があるのは同じですが、「女の子の場合、万一《まんいつ》、よい子が生まれたときには、親の面倒を両方とも見てくれる可能性もある」ということで、今、女の子を選ぶ傾向が出てきています。

医学的に男女の産み分けができるようになってきているので、「胎児《たいじ》が、男か女か調べられて、男だったら殺される」ということも、十分に可能性が高まってきているのです。「子供は一人でよく、女の子だったら産むけれども、男の子だったら堕《お》ろしておこうか」というようなことになりかねない時代に入ってきているわけなので、文化は変化していると思います。

仕事面での成功と、結婚とは、一つのバランスとしてあるのだろうとは思いますけれども、一定のバランスを超えて不幸感覚が強くなるようであれば、世間の標準的な考え方に必ずしも合わせる必要はないのではないかと、私は思います。

やはり、文化そのものが変化して多様化すべきだと考えています。「誰《だれ》もが同じようでなければならない」という考え方のほうがおかしいわけです。

当教団で有名な某氏《ぼうし》は、本人が知らないうちに複製をつくられていたのですから［注3］、男性でも女性の役割ができるような感じに近いのです。「知らないうちに〝子供〟が生まれていた」ということがあるわけですから、これから、そういう科学が進んでいくと、男女の役割の区別は、もうなくなります。

神話の時代と同じで、〝男神《おとこがみ》〟から子供が生まれてくる時代がもう来ているわけなので、そんなに女性のみなさんに産んでいただかなくてもよいのです。よさそうな人を選び、そこから、よい遺伝子、よい精子や卵子《らんし》を選抜《せんばつ》して、産まれていただいたほうがよくて、あとは、もう、男女に関係なく、自分の好きなことをなされたほうがよいのではないかと思います。

「家が潰《つぶ》れる」「一人娘《むすめ》だから、どうしても」という考え方も、けっこうあるわけですけれども、そういう考え方に、あまり縛《しば》られるのはどうかと思います。もう、「家など、なくなるものだ」と思っておいたほうがよいと私は思います。その考えは古くなるでしょう。

「生き通しの人生」ということで考えるならば、やはり、今世の魂修行のなかで、自分の才能を最大限に発揮できる方向に、ものを考えていったほうがよろしいと思われます。

こういう面で、社会文化や家庭文化、宗教文化がすでに古くなってしまっているものについては、革新をかけていく必要があると考えるものです。

C――　ありがとうございます。

［注3］『宇宙人リーディング』（第1章）参照。

8　創造性を発揮するには

C――　最後に、一点、お訊《き》きしたいことがあります。

毎年、主エル・カンターレから、「法シリーズ」を賜《たまわ》っております。

今年（二〇一〇年）は『創造の法』という経典《きょうてん》を賜り、「二〇一〇年は『創造の法』の年」ということで、幸福の科学は教団を挙げて頑張《がんば》っているところなのですが、アトランティスの全盛期から見ますと、創造性は、まだまだ、とてもとても足りないと思うのです。

そこで、この「創造性」ということに関して、一言、弟子《でし》に対するアドバイスをいただければと存じます。

創造を妨《さまた》げる最大のものは「規制」や「統制」

トス　『創造の法』という言葉自体が仕事をし始めているのではないでしょうか。少なくとも、教団に関係することにおいては、やはり、新しいチャレンジ、新しい創造を目指す動きは、数多く起きているように私には思われます。

創造を妨《さまた》げる最大のものは、やはり規制や統制だと思うのです。組織における統制や、戒律《かいりつ》の変化した規制、「こうしてはいけない」「ああしてはいけない」ということばかりが、あまりにも多すぎるようだと、創造性は、どうしても落ちてくるのです。

やはり、もっともっと〝頭〟の数が増えてこなければいけないと思います。頭を持った人間がもっと増え、自分たちの発想で、自己責任の下《もと》にある自由でもって、創造をなしていくことが大事です。全部が〝指示待ち族〟になったのでは、創造ははるかに遠いと思います。

そういうことで付加価値の総量を増やしていくことが大事です。

宗教には、放置されて大きくなると、全体的に軍隊アリ化していく傾向《けいこう》があります。それは必ずしも望ましいとは思えないので、創造する人間であってもらいたいのです。

タブーに挑戦《ちょうせん》する勇気を持て

トス　教育においてもそうですけれども、大人になり、社会人として仕事をしていく上でも、創造する者であっていただきたいと思います。

そう簡単には自主規制をしないでいただきたいのです。まずは、「駄目《だめ》だ」と考える前に、「どうやったら可能か。何とか可能にならないか。それを実現する方法はないのか」と考え、夢に近づいていくことに、もっともっと努力してみるべきではないかと思います。

だから、タブーに挑戦《ちょうせん》する勇気を持つことが大事です。

あなたにも、もっともっと殻《から》を破れるところがまだあるのではないかと私は思います。もったいない。この程度では、もったいないですよ。アトランティスの大臣としては、もったいないですね。もう一頑《ひと》張りないと、これでは、「退化している」と言われる可能性が高いですね。

もう一段、大きな仕事を、成し遂《と》げたいところです。

もっと頑張って、女性のリーダーとして活躍《かつやく》されることを望んでいます。

C——　トス様、本日は、長時間、ご指導を賜り、ありがとうございました。エル・カンターレの弟子として、必ずや、新文明を築き、「エル・カンターレ文明」の大きな大きな花を開かせてまいりたいと思います。本日は本当にありがとうございました。

トス　はい。

第2章

アガシャー霊言《れいげん》による
アトランティス滅亡《めつぼう》の真相

二〇一〇年二月十二日　霊示

東京都・幸福の科学総合本部にて

アガシャー（約一万数百年前）

アトランティス帝国《ていこく》最後の王。政治家兼《けん》宗教家であり、愛を中心とした教えを説いた。九次元存在。なお、アガシャーは、その後、クリシュナ（インド）、クラリオ（エジプト）、イエス・キリスト（イスラエル）として転生《てんしょう》している。

1　アトランティスの最期《さいご》を霊査《れいさ》する

大川隆法　今日は、いつもの説法とは少し違《ちが》うスタイルでやってみたいと思います。演題を、「アガシャー霊言《れいげん》によるアトランティス滅亡《めつぼう》の真相」という題にしましたが、霊言というかたちで話をしていきます。

通常の法話のかたちでやると、私自身の理性が入ったり、当会の教義との整合性の部分にチェックが入ったりして、生々しいところを十分にお伝えできない可能性があります。

そこで、最近、霊言というかたちをよく使っているように、今回も、極力、大川隆法の意識を薄《うす》くし、「アトランティスの最後の王」とも言われているアガシャー大王の意識に依拠《いきょ》して、「アトランティスの最期《さいご》は、どのような感じであったか」を話してみたいと思います。

なお、アガシャー大王は、イエス・キリストの過去世《かこぜ》の姿であり、彼の「魂《たましい》の兄弟」の一人です。

私の口を通して話をしますが、「ある意味でのリーディングである」と考えていただいて結構です。アトランティスは、一万年以上も前の文明です。これを調べるためには、リーディングという霊的な方法以外に、調べる手段はありません。

ですから、今日は、アガシャーの霊言によって、アトランティス滅亡の真相を調べてみたいと思います。

『太陽の法』には、ラムディアやムー、アトランティス等の過去の文明について、いろいろと書かれていますが、「今回の霊言によって、アトランティスについての注釈《ちゅうしゃく》が一章分ぐらい解説的に付く」というように考えていただいて結構です。

私は、これから話す内容について、事前に確認はしていません。これから話す内容は、「アガシャーによる語りである」と理解していただいて結構かと思います。

（約四十五秒間の沈黙）

2　伝説の大陸は今の大西洋にあった

アガシャー　アガシャーです。

私《わたくし》は、先ほど紹介《しょうかい》のあったイエス・キリストの魂《たましい》の兄弟です。イエス・キリストより八千数百年前に、地上に肉体を持った者です。私《わたくし》が生まれた地は、伝説で、「アトランティス大陸」と呼ばれている場所です。

それは、今のヨーロッパと北アメリカとの間にある大西洋、すなわち、アトランティスから語源を得ているアトランティク・オーシャンのなかで、特に今あなたがたにバミューダ海域として知られている所にありました。

そして、アトランティスの遺跡《いせき》の一部は、近年、アメリカのフロリダ半島にほど近い、バハマ諸島辺りの比較的《ひかくてき》浅い海底にあることが確認されています。

現在の地球物理学者の考えでは、「そうした大きな大陸が大西洋のなかに海没《かいぼつ》するようなことは、起きるわけがない」という説が中心になっています。

しかし、彼らは、現在ただいまの地質や火山活動を調べたのみであって、大西洋の海底に深く分け入って、調べたり、掘《ほ》ったりしたわけではありません。

なかには、誤解した意見を言う人もいます。「アトランティスは地中海のなかにあった」と言う人もいます。「サントリーニ島の火山爆発《ばくはつ》による、その周辺地域の海没が、アトランティスの海没である」というように狭《せま》く解釈《かいしゃく》している者もいます。

しかし、そうではありません。今から二千四百年ほど前になりますが、プラトンが、エジプトの神官から、古代より伝わる話として聴《き》いた内容を、書物に書いたとおり、アトランティスというのは、ジブラルタル海峡《かいきょう》を越《こ》えて、その外側にあったものです。

プラトンは、その神官から、「今から九千年も前に、そこに大陸があって、文明が栄えていた」という話を聴いたと伝えられています。

「この九千年というのは長すぎるので、九百年の間違《まちが》いだろう」と歪曲《わいきょく》した解釈をし、「プラトンの時代の九百年ぐらい前であれば、三千数百年前になるし、ちょうどそのころに滅《ほろ》びたミノア文明がアトランティスではないか。ミノア文明の滅亡の理由も分からないが、サントリーニ島の火山の爆発によって、文明が滅びたのではないか」というように考えて、アトランティスを三千年あまり前の話としている者も、地球物理学者のなかにはいるようです。

しかし、地中海のなかの話ではありません。あなたがたは、歴史というと、二千年か、三千年か、四千年か、そのくらい前のことまでしか意識がないようですが、古代には、さまざまな古文書《こもんじょ》がすでに伝わっていたのです。ソクラテスやプラトンの時代には、すでに書物がありました。そして、エジプトには、そうした書物を蓄《たくわ》えていた図書館があり、神官によって、神代《かみよ》の代からの記録が護《まも》られ、伝えられていたのです。

3 アトランティス滅亡《めつぼう》前の、千年間の様相

文明末期、すでに大陸の三分の二は海没《かいぼつ》していた

アガシャー　私は、先ほど述べたとおり、今から言うならば、一万年を超《こ》えて、一万数百年ほど前に、地上に肉体を持ちましたが、それより前、今から一万二千年近い昔には、全智全能《ぜんちぜんのう》といわれた「大導師トス」が出て、アトランティスは最盛期を迎《むか》えておりました。

しかし、その後《ご》、時代が下り、滅亡《めつぼう》前の千年ほどの間に、文明としては、か

なりの揺《ゆ》らぎを経験することになりました。

私《わたくし》が、地上に肉体を持ったときには、すでにアトランティスの大陸の一部は、陥没《かんぼつ》を始めておりました。まず東の三分の一が海没し、次に西の三分の一が海没し、「中央島《ちゅうおうとう》」と言われる大きな部分だけが残っておりました。

なぜ、そうした部分的海没が、まず先行したのか。神の警告がそこにあったものと思われます。神は何を警告したか。神は、アトランティス文明が誤った方向へと向かっていることを警告しておりました。

アトランティスは、もともと、科学の非常に進んだ文明でした。ゆえに、人々の科学信仰《しんこう》も強かったのです。ちょうど、今の日本や西洋文明と大きくは変わらないかもしれませんが、「科学がすべてを支配する」という考え方が蔓《まん》延《えん》していました。

しかし、人々が、いわゆる神の教えや霊界《れいかい》の存在、霊的世界を求めなくなってきたときに、暗い想念の雲が大陸にかかり、霊的に言えば、それが大陸陥没の引き金となるのです。

科学技術の中心は、ピラミッド・パワーと植物の生命エネルギー

アガシャー　どのような教えが問題であったか。それは、アトランティス以前のムーから入った教えの一部ではありますが、当時、いわゆるピラミッド・パワーによる光増幅《ぞうふく》の装置がありました。

ピラミッド・パワーは、今の地球では、まだ十分に理解されていないものの一つです。今、あなたがたは太陽光を電力に変えようとしていますが、ピラミ

ッド・パワーのなかには、今の科学では、まだ気づいていない力が、一つ、あります。

その力を使って、宇宙のエネルギーを集める方法がつくり出されていました。それで、アトランティスの飛行船や潜水艇《せんすいてい》には、その背ビレの部分にピラミッドが付いていていました。

また、科学技術のもう一つの中心は、植物の生命エネルギーです。これを取り出すことにも成功していました。

あなたがたも不思議でしょう。種が芽を吹《ふ》き、土のなかから生えてきて、そして、大きな植物になっていく。まこと、不思議なことであります。

それを、「神の力」と素直に理解すればよかったのです。しかし、その植物の発芽エネルギー、生長エネルギーを、特殊《とくしゅ》な装置で取り出すことができるようになり、各家庭で、植物の生命エネルギーを一種の電力のようなものに変換《へんかん》することができるようになると、人間は驕《おご》ったのです。

こうしたことは、『太陽の法』にも、一部、説かれていると思います。

人間の創造実験と異星人との交流

アガシャー　しかし、『太陽の法』では、まだ説かれていない教えがあります。今回、『太陽の法』が書かれた一九八六年時点で、まだ、著者が理解していなかったことが、その時代にあったのです。

その一つが、今あなたがたがこれから直面しようとしている、人間による「人間の創造実験」です。アトランティス人は、遺伝子を操作し、試験管のなかから……、いや、試験管ではない、もっと特殊な装置です。そのなかで、自分たちの分身とも言えるような、人工的人間をつくり始めました。そして、人類は驕りました。

「人間をつくったのは神である」という思想・伝説は、当然、アトランティスの時代にもありました。

しかし、自分たちの手で、遺伝子操作によって、人間をつくり出せるようになった。「これは、まことに便利である」ということで、そうしてつくり出した人造人間を奴隷《どれい》階級にして、ロボットのように使い、自らは主人として楽をし、栄華《えいが》を楽しもうとしたのです。

奴隷というものは、ここ数千年の流れにおいても、いろいろな文明で、ありました。戦争で敗れた者が、奴隷として使われることはあったと思います。

アトランティスは、一万年以上も前ですけれども、今、現代文明が直面している、そうしたクローン技術に辿《たど》り着いていたのです。そして、人造人間をつくり始めました。このことが神の怒《いか》りを買いました。

彼らは、魂《たましい》と霊界のことを忘れ去っていたのです。「人間が人間であるところの尊厳は、その魂にある」ということや、「魂を神より頂いている」ということを忘れ、この世的唯物論《ゆいぶつろん》へと歪曲《わいきょく》された理神論［注］の流れのなかで、「『人間が神になる方法』を手に入れた」と思ったのです。

そして、遺伝子操作によって人類を大量につくる実験が行われ、工場がつくられ始めました。これを捨てておくわけにはまいりません。

しかし、人間は、すでに、自らを神の玉座《ぎょくざ》に座らせて、遺伝子操作による人間の創造を、神の力として理解したために、不幸が起きました。

その背景には、「このときに、一部、悪《あ》しき異星人から、こうした複製技術を教えられた」ということもあります。彼らが人間にそのような悪知恵《わるぢえ》を授けたのです。そして、異星人が神のごとく振《ふ》る舞《ま》った時期もあります。

神の警告は、自然災害や大陸レベルの大変動によってなされる

アガシャー　こうした過程において、大陸が陥没し始めました。警告です。神の警告は、まずは地震《じしん》やハリケーンや津波《つなみ》等の自然災害によってなされますが、その次に来るものは、大陸レベルでの大変動です。

地球物理学では、そうした大変動は、数千万年、数億年かかって、ゆっくりと起きると教えています。すなわち、大陸がプレートのように移動するのは、

数千万年、数億年かかってのことであると教えているのです。

しかし、現実は、そうではありませんでした。あるときに、突如《とつじょ》、隆起《りゅうき》する大陸もあり、あるときに、突如、陥没する大陸もありました。

ラムディア、ムー、アトランティス。三つの文明が滅《ほろ》びました。そして、その教訓から、人類は何を学んだのでしょうか。

人類は、今、また滅びへの道を歩もうとしています。

神に向かって心を磨《みが》き、「心を磨くことで天使にならん」とする心は尊い。

しかし、「神に成り代わって、この地球の支配者となろう」とする心が主力となったときには、そこに、数多くの悪魔《あくま》の卵が生まれてきます。

［注］理神論は、約一万五千三百年前、聖クザーヌス（九次元存在）がアトランティスで説いた、ピラミッド・パワーと太陽信仰をあわせたような教えで、「理性的、科学的なるものは神の心にかない、また神の心は、理性的、科学的なものを欲する」という特徴《とくちょう》を持っていた。『太陽の法』第5章参照。

4　アトランティスの悪業《あくごう》の数々

寒冷化爆弾《ばくだん》によってグリーンランドの敵を殲滅《せんめつ》した

アガシャー　私《わたくし》は、アトランティス最後の、「中央島《ちゅうおうとう》の時代」に生まれた者です。

当時、アトランティスは、そうした天変地異が起きるのみならず、外敵もまた持っておりました。そのために、巨大《きょだい》な中央島においては、幾重《いくえ》もの城壁《じょうへき》があり、さまざまな水路がつくられていて、帝国《ていこく》自体が一種の要塞《ようさい》と化しておりました。

アトランティスの外敵と言われるものは、今のグリーンランド辺りにもいました。グリーンランドは、当時、まだ緑溢《みどりあふ》れる肥沃《ひよく》な大地でした。そこにも、戦争の非常に好きな民族がおりました。

また、アメリカ合衆国やカナダには、ヨーロッパから入植する前は、ごくわずかなインディアンしか住んでいなかったと理解されているようですけれども、これも間違《まちが》いです。古代文明はあったのです。アメリカ合衆国とカナダを含《ふく》む所に古代文明があって、これもアトランティスの強力な敵でした。

アトランティスは、科学技術においてムーの後継者《こうけいしゃ》でもあったために、その進んだ科学技術によって飛行船を飛ばし、特殊爆弾《とくしゅばくだん》を彼らの文明の上に落としました。われらの少し前の時代です。

まずグリーンランドの敵を殲滅《せんめつ》いたしました。

その方法は、地球の寒冷化を促進《そくしん》する爆弾です。地球の寒冷化を促進する爆弾によって、グリーンランド文明は、緑溢れる文明から、凍《い》てつく文明へと変わりました。人工氷河時代をつくり出したのです。

それは、「今、あなたがたが、二酸化炭素による地球温暖化現象を問題として、『地球を護《まも》れ』と言っている方向が、正反対である」ということを実証しております。その爆弾によって、二酸化炭素を急速に増やしたのです。酸素を減らし、二酸化炭素濃度《のうど》を高めたのです。

そうすると、どうなったか。二酸化炭素が、高い空に濃《こ》い濃度で溜《た》まると、雲はドライアイスの粒《つぶ》をたくさんつくり、雹《ひょう》や雪が次々と降り始めました。二酸化炭素はドライアイスのもとです。大気圏《たいきけん》中の二酸化炭素濃度を高めることによって、実は、地球は温暖化するのではなく寒冷化するのです。

今のあなたがたの文明も、やがて、雹や雪で覆《おお》い尽《つ》くされるようになるでしょう。温暖化対策をとっていますが、反対に、実は寒冷化が進んでいくと思われます。

このように、グリーンランドは、人工氷河をつくられて滅《ほろ》びました。

強風を巻き起こす爆弾でアメリカの赤色人種《せきしょく》を滅《ほろ》ぼした

アガシャー　一方、アメリカ超《ちょう》古代文明では、人々は、豊かな農地と、海洋に漕《こ》ぎ出すための帆船《はんせん》をたくさん持っておりました。

民族的には、赤色人種《せきしょく》でした。皮膚《ひふ》の色が赤い人種です。今は、この人種は存在しませんが、アトランティス期には、北米に赤色人種が住んでいたのです。

アトランティスは、この赤色人種そのものを、すべて殲滅しました。

この殲滅の方法は、グリーンランドとは別の方法です。いかなる方法を用いたか。

それは、現在の原爆に一部は似ているけれども、そうではないものです。それをあなたがたに説明するのはとても難しいのですが、強風を巻き起こす爆弾なのです。それを空中から落とし、地上に到達《とうたつ》する前に炸裂《さくれつ》させることにより、大気中に、巨大な竜巻《たつまき》やハリケーンまがいの大風《おおかぜ》を起こすことができたのです。これによって、彼らの穀倉地帯や野菜畑、そして森林地帯を、地上から滅《ほろ》ぼしてしまいました。

例えば、砂塵《さじん》を巻き上げる強風・暴風が常に吹《ふ》き荒《あ》れる大地を想像していただきたいのです。そのなかで、小麦も大麦もライ麦も育たなくなり、トウモロコシも育たなくなり、砂漠《さばく》化が進みました。

アトランティスは、科学技術の知恵《ちえ》により、自らを神と思うほどに慢心《まんしん》していたので、この赤色人種を根こそぎ殲滅いたしました。

今の人類は、白色人種、黒色人種、黄色人種が中心です。赤色人種はいないはずです。それは、一人残らず殺したからです。

この殺し方は、「徹底的《てっていてき》に彼らの食糧《しょくりょう》を絶《た》って、飢《う》えさせる」という方法です。

食糧を失ったとき、彼らの主食が手に入らなくなったとき、彼らは疲労困憊《ひろうこんぱい》しました。そのあと、アトランティスは海からも空からも攻撃《こうげき》をかけ、残留する人たちを殺戮《さつりく》していきました。

それがアトランティスの悪業《あくごう》の数々です。
すべての原因は、科学文明信仰《しんこう》であり、「科学文明の優《すぐ》れたる者は神である」
というような考えです。

5　アガシャー大王の改革とクーデター

アガシャー　私《わたくし》は、その時代に、王家に生まれました。子供時代の名はアモンです。成人してアガシャーと名を変えました。そして、首都ポンティスにおいて、改革を行おうとしました。私は、あなたがたが知っているような霊能者《れいのうしゃ》でもありましたので、天上界《てんじょうかい》から、エル・カンターレの指導を受けておりました。

エル・カンターレは、私《わたくし》に、「人々に、神の偉大《いだい》さと、霊界《れいかい》が人類の本来の居場所であり、実相の世界であることを伝えよ」と教えました。そして、殺戮《さつりく》を止《や》め、互《たが》いに愛し合うことを人々に教えるように、私《わたくし》を導きました。私は、そうした内容を中心として、人々に教えを説きました。広場に人々を集めて、何度も、大きな説法《せっぽう》をいたしました。

しかし、かつて聖クザーヌスが唱えた理神論は、科学万能型信仰《しんこう》に変化し、それが支配的になっていました。「科学がアトランティス人を護《まも》り、幸福にした」と考えている人たちは、「アガシャーの教えは軟弱《なんじゃく》であり、そうした教えが説かれたならば、アトランティスは滅《ほろ》びる。この強国は終わりだ」と言って、王家および王の近衛軍《このえぐん》に対し、反乱の戦《いくさ》を仕掛《しか》けてきました。

当時、王家は、日本の天皇制にも似て、象徴的《しょうちょうてき》存在であり、政治の実権は、王家とは違《ちが》うところにありました。政治の実権は、この世的に軍の指揮権を握《にぎ》っている者たちが持っていました。

われらは王族として生きていましたが、実際は、日本の天皇のようなものに近かったのです。

例えば、日本の天皇陛下が、国民たちに新しい教えを説いて、日本の国を改革しようと乗り出したと想像してください。

要するに、実権を持っている者たちがそれを許さず、「そのような王家はないほうがよい」という戦いが起きたわけです。

もちろん、アガシャーの愛の教えを信ずる者も増えてはおりました。けれども、いかんせん、他の二つの文明を滅ぼすだけの軍隊を持っていたような国です。そう簡単に鎮圧《ちんあつ》できるようなクーデターではありませんでした。

われら王族の者は捕《と》らえられました。

私《わたくし》は、最大十万人もの人を集めて、愛の教えを説き、人の心の大切さを説き、偉大なる神の尊さを説いていました。

当時、エル・カンターレというよりは、「トスの教えに戻《もど》れ」ということを説いていたと思います。

「トスは科学的に天才だったが、宗教心もきっちりと持って、神の教えや霊界の真相を伝えていたのだ」ということを説き、「曲がってしまったクザーヌスの理神論の教えを奉《ほう》じるのではなく、トス神《しん》の教えに帰るべきだ」と説きました。国の信仰や宗教、あるいは思想・信条の中心軸《じく》を変えようとしていたのです。

しかし、十万人もの人が私の教えを聴《き》いていた、その同じ広場が、私たちの墓場となりました。

近衛兵たちは殺され、私《わたくし》たち王族はすべて捕らえられました。そして、その広場の中央部分に大きな穴を掘《ほ》られ、王族の大部分は、生きたまま、その大きな穴に投げ入れられて、生き埋《う》めのかたちで殺されました。その数は、王族だけで、おそらく五百人ぐらいはいたかと思います。

彼ら軍事的指導者たちは、われらをその穴に生き埋めにし、その広場を、また石造りの広場へと完全に元どおりに戻して、すべての証拠《しょうこ》を消しました。王宮は、完全に破壊《はかい》し、燃やしました。そして、軍事的な指導者が、世界を完全に掌握《しょうあく》するに至りました。

その軍事的指導者たちのなかに入ったものは、ルシフェルやベルゼベフと言われるものたちです。最近では、ヒトラーとゲッベルスのなかに入ったように、当時の軍事的指導者のなかに入りました。

この血なまぐさい惨劇《さんげき》を見て、神は、とうとう、最後のカードを切られました。それが、アトランティス最期《さいご》の日です。

アトランティス中央島は、あっという間に海没《かいぼつ》を始めました。地球温暖化で、海面が上がったのではありません。大陸が陥没《かんぼつ》していったのです。大陸は今、とても深い海の底にまで降りていっています。神の怒《いか》りが、どれほど強かったかを意味していると思います。最後はそこまで行きます。

6　アトランティス滅亡《めつぼう》に学ぶ教訓

「神が許さない文明がある」ということを知れ

アガシャー　過去、ラムディア、ムー、アトランティスと、少なくとも三度、文明が悪《あ》しき方向に流れました。

神の許容限度を超《こ》えて、人間が慢心《まんしん》し、幸福と不幸を取り違《ちが》え、真実と偽《いつわ》りを取り違え、正しい教えと邪法《じゃほう》を取り違えたときには、神は、「これ以上は許さない」と判断されることがあります。

あなたがたの時代には、「ガイア理論」とかいうものがあるでしょう。「地球自体が生き物であり、自分を護《まも》るために、天変地異を起こす」というように考える人もいるかもしれない。それは、環境《かんきょう》問題の根源の考えの一つでもある。

しかし、ガイアとも言ってもよいが、明らかに意識を持ち、人格を持った神がいるのであり、「その神が、許さない文明がある」ということを知らねばならないと思う。

このことは、「ここ数百年の間に、地上で、許されざる暴挙を重ねてきた文明や、間違った教えがはびこった文明に対しては、数多くの警告が今後も起きる」ということを意味している。

そして、一部は陥没《かんぼつ》し、新しい大陸の浮上《ふじょう》を招くであろうと思う。その場所がどこであるかは、あえて言うまい。

しかし、科学のみに酔《よ》いしれた場合、そして、霊界《れいかい》の真実や救世主の教えに耳を傾《かたむ》けなかった場合、人類を待ち受けている未来は悲惨《ひさん》である。

あなたがたの主を護《まも》り、「救世の法」を広げよ

アガシャー　今、日本では、新しい教えが説かれている。これを「救世の法」という。

次々と本が出され、新しい思想を広げようとしているが、これが広がることを拒《こば》む勢力もまた数多くあるであろう。この教えが、この国に広がり、世界に広がるか否《いな》か。それが、人類の未来を決める。

神は優《やさ》しい存在であるが、「最後なる愛は、『悪を許さない』というかたちで

表れる」ということを忘れてはならない。

あなたがたの伝道《でんどう》は、本物でなければならない。そして、それは、真実、人々の心を変え、この国を変え、世界を変えるものでなくてはならない。

あなたがたの教えが広がらず、むしろ否定されたかたちで終わるようなことがあるならば、人類の未来は悲惨である。それは、かつてのアトランティスやムーが示しているとおりである。

だから、あなたがたは、小さな心でもって、仕事をしてはならない。聖なる使命を持って、この法を広げなくてはならない。

この世の常識が間違っているなら、それと徹底的《てっていてき》に戦って、未来のあるべき姿を指し示さなくてはならない。この世の〝かっこ付きの常識〟に敗れて、ヘラヘラと笑うような、あなたがたであってはならない。最後は、地球規模の運命までかかっている。

今回、地球の主が降臨されている。しかし、「事成《ことな》らずば、人類に未来はない」と断言できる。いかなる未来が待ち受けているかは、あなたがたの力にかかっている。

今、主は、縁起《えんぎ》の理法《りほう》を説かれており、予定説や運命説、あるいは予言のたぐいはあまりなされない。「努力によって未来が変わる」ということに、重点を置いて、教えを説かれている。

されど、私の立場から申し上げるならば、この教えが広がらなかった場合、人類の未来は、もう決まっている。アトランティスの悲劇と同じようなものが迫《せま》っている。

だから、あなたがたに、「伝道を急ぎなさい」と申し上げているのである。

「あなたがたが敗れる」ということは、「人類の未来が敗れる」ということにつながるであろう。

どんなことがあっても、あなたがたの主を護《まも》り、この教えを広げなさい。アトランティスの悲劇を繰《く》り返してはならない。

以上が、アガシャー霊言による「アトランティス滅亡の真相」です。これを、あなたがたの参考にしていただくことを希望します。

あとがき

神の怒りに触れて大陸が陥没《かんぼつ》するとは、にわかに信じがたい人もいるだろう。「神罰《しんばつ》」「天罰《てんばつ》」「仏罰《ぶつばつ》」という言葉を迷信とし、死語にしてしまいたい人も多かろう。

しかし、先般《せんぱん》の二〇一一年三月十一日に東日本を襲ったマグニチュード「9・0」の地震の威力《いりょく》を考えると、もし一万年に一回でも、マグニチュード「10・0」クラスの大都市直下型地震が起きたら、国家の大部分が沈下することも全くの夢想とはいえまい。

本書では、古代文明として栄えたアトランティス文明の大導師トスの時代と、末期のアガシャー大王の時代を描いた。ある種、貴重な秘教文献《ひきょうぶんけん》かと思う。

二〇一一年　四月二十六日

幸福《こうふく》の科学《かがく》グループ創始者兼総裁《そうししゃけんそうさい》　大川隆法《おおかわりゅうほう》

『アトランティス文明の真相』関連書籍

『太陽の法』（大川隆法 著　幸福の科学出版刊）
『神秘の法』（同右）
『創造の法』（同右）
『「宇宙の法」入門』（同右）
『宇宙人リーディング』（同右）

※左記は書店では取り扱っておりません。最寄りの精舎・支部・拠点までお問い合わせください。
『大川隆法霊言全集 第6巻 モーセの霊言／アモンの霊言／リエント・アール・クラウドの霊言』（大川隆法 著　宗教法人幸福の科学刊）

アトランティス文明《ぶんめい》の真相《しんそう》
――大導師トス アガシャー大王 公開霊言――

2011年5月27日　初版第1刷
2024年11月5日　第2刷

著　者　大《おお》川《かわ》隆《りゅう》法《ほう》

発行所　幸福の科学出版株式会社
〒107-0052 東京都港区赤坂2丁目10番8号
TEL(03)5573-7700
https://www.irhpress.co.jp/

印刷・製本　株式会社 サンニチ印刷

落丁・乱丁本はおとりかえいたします
©Ryuho Okawa 2011. Printed in Japan. 検印省略
ISBN978-4-86395-121-1 C0014
Photo: ©Kheng Guan Toh ©Mollypix ©Paylessimages (Fotolia.com)

大川隆法ベストセラーズ・超古代文明の秘密

トス神降臨・インタビュー アトランティス文明・ピラミッドパワーの秘密を探る

アンチエイジング、宇宙との交信、死者の蘇生、惑星間移動など、ピラミッドが持つ神秘の力について、アトランティスの「全智全能の神」が語る。

1,540円

公開霊言 超古代文明ムーの大王 ラ・ムーの本心

1万7千年前、太平洋上に存在したムー大陸。神秘と科学が融合した、その文明の全貌が明かされる。古代文献では知りえない驚愕の事実とは。

1,540円

公開霊言 古代インカの王 リエント・アール・クラウドの本心

7千年前の古代インカは、アトランティスの末裔《まつえい》が築いた文明だった。当時の王、リエント・アール・クラウドが語る、宇宙の神秘と現代文明の危機。

1,540円

公開霊言 ギリシャ・エジプトの古代神 オフェアリス神の教えとは何か

全智全能の神・オフェアリス神の姿がついに明らかに。復活神話の真相や信仰と魔法の関係など、現代人が失った神秘の力を呼び覚ます奇跡のメッセージ。

1,540円

※表示価格は税込10%です。

大川隆法ベストセラーズ・地球の危機を乗り越えるために

メシアの法

法シリーズ 第28巻

「愛」に始まり「愛」に終わる

「この世界の始まりから終わりまで、あなた方と共にいる存在、それがエル・カンターレ」――。現代のメシアが示す、本当の「善悪の価値観」と「真実の愛」。

2,200円

真実を貫く

人類の進むべき未来

混迷する世界情勢、迫りくる核戦争の危機、そして誤った科学主義による唯物論の台頭……。地球レベルの危機を乗り越えるための「未来への指針」が示される。

1,760円

地球を包む愛

人類の試練と地球神の導き

日本と世界の危機を乗り越え、希望の未来を開くために――。天御祖神の教えと、その根源にある主なる神「エル・カンターレ」の考えが明かされた、地球の運命を変える書。

1,760円

自由・民主・信仰の世界

日本と世界の未来ビジョン

真の「自由」とは、本当の「民主主義」とは、そして人権の最後の砦となる「信仰」とは何か――。この一冊に、人類の未来を切り拓く鍵がある。

1,650円

幸福の科学出版

※表示価格は税込10%です。

大川隆法 ベストセラーズ・宇宙の四大メシアからのメッセージ

メタトロンの霊言

危機にある地球人類への警告

中国と北朝鮮の崩壊、中東で起きる最終戦争、裏宇宙からの侵略──。キリストの魂と強いつながりを持つ宇宙存在・メタトロンが語る、衝撃の近未来。

1,540 円

UFOリーディング
救世主を護る宇宙存在ヤイドロンとの対話

「正義の守護神」である宇宙存在・ヤイドロンからのメッセージ。人類が直面する危機や今後の世界情勢、闇宇宙の実態などが、宇宙的視点から語られる。

1,540 円

R・A・ゴール
地球の未来を拓く言葉

今、人類の智慧と胆力が試されている──。コロナ変異種拡大の真相や、米中覇権争いの行方など、メシア資格を有する宇宙存在が人類の未来を指し示す。

1,540 円

天《あめの》御《み》祖神《おやがみ》の降臨

古代文献『ホツマツタヱ』に記された創造神

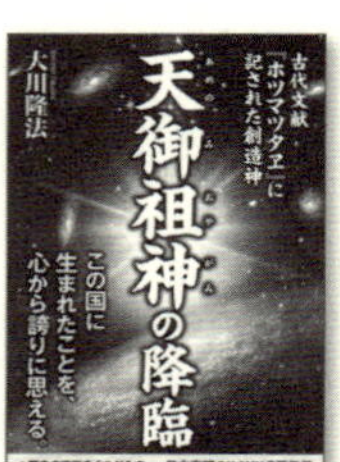

3万年前、日本には文明が存在していた──。日本民族の祖《おや》が明かす、歴史の定説を超越するこの国のルーツ、そして宇宙との関係。秘史を記す一書。

1,760円

※表示価格は税込10%です。

大川隆法ベストセラーズ・神秘の世界への誘い

永遠の法

法シリーズ 第3巻

エル・カンターレの世界観

すべての人が死後に旅立つ、あの世の世界。天国と地獄をはじめ、その様子を明確に解き明かした、霊界ガイドブックの決定版。

2,200円

神秘の法

法シリーズ 第10巻

次元の壁を超えて

この世とあの世を貫く秘密を解き明かし、あなたに限界突破の力を与える書。この真実を知ったとき、底知れぬパワーが湧いてくる。

1,980円

不滅の法

法シリーズ 第18巻

宇宙時代への目覚め

地球の未来を拓くために――。「霊界」「奇跡」「宇宙人」の存在など、物質文明が封じ込めてきた不滅の真実が解き放たれる。

2,200円

エルカンターレ
人生の疑問・悩みに答える
地球・宇宙・霊界の真実

シリーズ 第7弾

世界はどのように創られたのか。宇宙や時間の本質とは。いまだ現代科学では解明できない「世界と宇宙の神秘」を明かす28のQ＆A。

1,760円

幸福の科学出版

大川隆法ベストセラーズ・人生の目的と使命を知る

太陽の法

法シリーズ 第1巻

エル・カンターレへの道

創世記や愛の段階、悟りの構造、文明の流転を明快に説き、主エル・カンターレの真実の使命を示した、仏法真理の基本書。25言語で発刊され、世界中で愛読されている大ベストセラー。

2,200円

地獄の法

法シリーズ 第29巻

あなたの死後を決める「心の善悪」

どんな生き方が、死後、天国・地獄を分けるのかを明確に示した、姿を変えた『救世の法』。現代に降ろされた「救いの糸」を、あなたはつかみ取れるか。

2,200円

真理学要論

新時代を拓く叡智の探究

多くの人に愛されてきた真理の入門書。「愛と人間」「知性の本質」「反省と霊能力」「芸術的発展論」の全4章を収録し、幸福に至るための四つの道である「現代の四正道」を具体的に説き明かす（2024年10月改訂新版）。

1,870円

幸福の科学の十大原理（上巻・下巻）

世界172カ国以上に信者を有する「世界教師」の初期講演集。幸福の科学の原点であり、いまだその生命を失わない熱き真実がここに。

各1,980円

※表示価格は税込10%です。

大川隆法ベストセラーズ・主なる神エル・カンターレを知る

信仰の法

法シリーズ 第24巻

地球神エル・カンターレとは

さまざまな民族や宗教の違いを超えて、地球をひとつに──。文明の重大な岐路に立つ人類へ、「地球神」からのメッセージ。

2,200円

大川隆法　東京ドーム講演集

エル・カンターレ「救世の獅子吼《ししく》」

全世界から5万人の聴衆が集った情熱の講演が、ここに甦《よみがえ》る。過去に11回開催された東京ドーム講演を収録した、世界宗教・幸福の科学の記念碑的な一冊。

1,980円

永遠の仏陀

不滅の光、いまここに

すべての者よ、無限の向上を目指せ──。大宇宙を創造した久遠の仏が、生きとし生けるものへ託した願いとは。

1,980円

〔携帯版〕

1,320円

〔携帯版〕

幸福の科学の本のお求めは、
お電話やインターネットでの通信販売もご利用いただけます。

フリーダイヤル **0120-73-7707**（月～土 9:00～18:00）

幸福の科学出版 公式サイト　幸福の科学出版　検索
https://www.irhpress.co.jp

幸福の科学グループのご案内

宗教、教育、政治、出版などの活動を通じて、地球的ユートピアの実現を目指しています。

幸福の科学

一九八六年に立宗。信仰の対象は、地球系霊団の最高大霊、主エル・カンターレ。世界百七十二カ国以上の国々に信者を持ち、全人類救済という尊い使命のもと、信者は、「愛」と「悟り」と「ユートピア建設」の教えの実践、伝道に励んでいます。

（二〇二四年十月現在）

愛

幸福の科学の「愛」とは、与える愛です。これは、仏教の慈悲《じひ》や布施《ふせ》の精神と同じことです。信者は、仏法真理をお伝えすることを通して、多くの方に幸福な人生を送っていただくための活動に励んでいます。

悟り

「悟り」とは、自らが仏の子であることを知るということです。教学《きょうがく》や精神統一によって心を磨き、智慧《ちえ》を得て悩みを解決すると共に、天使・菩薩《ぼさつ》の境地を目指し、より多くの人を救える力を身につけていきます。

ユートピア建設

私たち人間は、地上に理想世界を建設するという尊い使命を持って生まれてきています。社会の悪を押しとどめ、善を推し進めるために、信者はさまざまな活動に積極的に参加しています。

幸福の科学の教えをさらに学びたい方へ

心を練る。叡智《えいち》を得る。
美しい空間で生まれ変わる——
幸福の科学の精舎《しょうじゃ》

幸福の科学の精舎《しょうじゃ》は、信仰心《しんこうしん》を深め、悟《さと》りを向上させる聖なる空間です。全国各地の精舎では、人格向上のための研修や、仕事・家庭・健康などの問題を解決するための助力が得られる祈願《きがん》を開催《かいさい》しています。研修や祈願に参加することで、日常で見失いがちな、安らかで幸福な心を取り戻《もど》すことができます。

総本山・正心館

総本山・未来館

総本山・日光精舎

総本山・那須精舎

東京正心館

全国に27精舎を展開。

運命が変わる場所——
幸福の科学の支《し》部《ぶ》

幸福の科学は1986年の立宗《りっしゅう》以来、「私、幸せです」と心から言える人を増やすために、世界各地で活動を続けています。
国内では、全国に400カ所以上の支部が展開し、信仰《しんこう》に出合って人生が好転する方が多く誕生しています。
支部では御法話拝聴会、経典学習会、祈願、お祈り、悩み相談などを行っています。

海外支援・災害支援

幸福の科学のネットワークを駆使し、世界中で被災地復興や教育の支援をしています。

毎年２万人以上の方の自殺を減らすため、全国各地でキャンペーンを展開しています。

公式サイト **withyou-hs.net**

自殺防止相談窓口

受付時間　火〜土:10〜18時（祝日を含む）

TEL **03-5573-7707**　メール **withyou-hs@happy-science.org**

視覚障害や聴覚障害、肢体不自由の方々と点訳・音訳・要約筆記・字幕作成・手話通訳等の各種ボランティアが手を携えて、真理の学習や集い、ボランティア養成等、様々な活動を行っています。

公式サイト **helen-hs.net**

入会のご案内

幸福の科学では、主エル・カンターレ 大川隆法総裁が説く仏法真《ぶっぽうしん》理《り》をもとに、「どうすれば幸福になれるのか、また、他の人を幸福にできるのか」を学び、実践しています。

入会

仏法真理を学んでみたい方へ

主エル・カンターレを信じ、その教えを学ぼうとする方なら、どなたでも入会できます。入会された方には、『入会版「正心法語《しょうしんほうご》」』が授与されます。

入会ご希望の方はネットからも入会申し込みができます。

happy-science.jp/joinus

三帰《さんき》誓願《せいがん》

信仰をさらに深めたい方へ

仏弟子としてさらに信仰を深めたい方は、仏《ぶっ》・法《ぽう》・僧《そう》の三宝《さんぽう》への帰依を誓う「三帰誓願式」を受けることができます。三帰誓願者には、『仏説・正心法語』『祈願文《きがんもん》①』『祈願文②』『エル・カンターレへの祈り』が授与されます。

幸福の科学 サービスセンター
TEL 03-5793-1727
（受付時間／火〜金:10〜20時 土・日祝:10〜18時（月曜を除く））

幸福の科学 公式サイト
happy-science.jp

幸福実現党

内憂外患《ないゆうがいかん》の国難に立ち向かうべく、2009年5月に幸福実現党を立党しました。創立者である大川隆法党総裁の精神的指導のもと、宗教だけでは解決できない問題に取り組み、幸福を具体化するための力になっています。

幸福実現党　党員募集中

あなたも幸福を実現する政治に参画しませんか。

＊申込書は、下記、幸福実現党公式サイトでダウンロードできます。
住所：〒107-0052
東京都港区赤坂2-10-8 6階 幸福実現党本部

TEL **03-6441-0754**　FAX **03-6441-0764**
公式サイト **hr-party.jp**

HS政経塾

大川隆法総裁によって創設された、「未来の日本を背負う、政界・財界で活躍するエリート養成のための社会人教育機関」です。既成の学問を超えた仏法真理を学ぶ「人生の大学院」として、理想国家建設に貢献する人材を輩出するために、2010年に開塾しました。これまで、多数の地方議員が全国各地で活躍してきています。

TEL **03-6277-6029**
公式サイト **hs-seikei.happy-science.jp**

ハッピー・サイエンス・ユニバーシティ
Happy Science University

ハッピー・サイエンス・ユニバーシティとは

ハッピー・サイエンス・ユニバーシティ（HSU）は、
大川隆法総裁が設立された「日本発の本格私学」です。
建学の精神として「幸福の探究と新文明の創造」を掲げ、
チャレンジ精神にあふれ、新時代を切り拓く人材の輩出を目指します。

人間幸福学部　経営成功学部　未来産業学部

HSU長生キャンパス TEL **0475-32-7770**
〒299-4325　千葉県長生郡長生村一松丙 4427-1

未来創造学部

HSU未来創造・東京キャンパス
TEL **03-3699-7707**
〒136-0076　東京都江東区南砂2-6-5　公式サイト **happy-science.university**

学校法人 幸福の科学学園

学校法人 幸福の科学学園は、幸福の科学の教育理念のもとにつくられた教育機関です。人間にとって最も大切な宗教教育の導入を通じて精神性を高めながら、ユートピア建設に貢献する人材輩出を目指しています。

幸福の科学学園

中学校・高等学校（那須本校）
2010年4月開校・栃木県那須郡（男女共学・全寮制）
TEL **0287-75-7777** 公式サイト **happy-science.ac.jp**

関西中学校・高等学校（関西校）
2013年4月開校・滋賀県大津市（男女共学・寮及び通学）
TEL **077-573-7774** 公式サイト **kansai.happy-science.ac.jp**

仏法真理塾「サクセスNo.1」

全国に本校・拠点・支部校を展開する、幸福の科学による信仰教育の機関です。小学生・中学生・高校生を対象に、信仰教育・徳育にウエイトを置きつつ、将来、社会人として活躍するための学力養成にも力を注いでいます。

TEL 03-5750-0751（東京本校）

エンゼルプランV

東京本校を中心に、全国に支部教室を展開。信仰をもとに幼児の心を豊かに育む情操教育を行い、子どもの個性を伸ばして天使に育てます。

TEL 03-5750-0757（東京本校）

エンゼル精舎

乳幼児が対象の、託児型の宗教教育施設。エル・カンターレ信仰をもとに、「皆、光の子だと信じられる子」を育みます。
（※参拝施設ではありません）

不登校児支援スクール「ネバー・マインド」

TEL 03-5750-1741

心の面からのアプローチを重視して、不登校の子供たちを支援しています。

ユー・アー・エンゼル！（あなたは天使！）運動

障害児の不安や悩みに取り組み、ご両親を励まし、勇気づける、障害児支援のボランティア運動を展開しています。

一般社団法人 ユー・アー・エンゼル

TEL 03-6426-7797

NPO活動支援

いじめから子供を守ろうネットワーク

学校からのいじめ追放を目指し、さまざまな社会提言をしています。また、各地でのシンポジウムや学校への啓発ポスター掲示等に取り組む一般財団法人「いじめから子供を守ろうネットワーク」を支援しています。

公式サイト mamoro.org　ブログ blog.mamoro.org

相談窓口 TEL.03-5544-8989

百歳まで生きる会～いくつになっても生涯現役～

「百歳まで生きる会」は、生涯現役人生を掲げ、友達づくり、生きがいづくりを通じ、一人ひとりの幸福と、世界のユートピア化のために、全国各地で友達の輪を広げ、地域や社会に幸福を広げていく活動を続けているシニア層（55歳以上）の集まりです。

【サービスセンター】TEL 03-5793-1727

シニア・プラン21

「百歳まで生きる会」の研修部門として、心を見つめ、新しき人生の再出発、社会貢献を目指し、セミナー等を開催しています。

【サービスセンター】TEL 03-5793-1727

幸福の科学出版

大川隆法総裁の仏法真理の書を中心に、ビジネス、自己啓発、小説など、さまざまなジャンルの書籍・雑誌を出版しています。他にも、映画事業、文学・学術発展のための振興事業、テレビ・ラジオ番組の提供など、幸福の科学文化を広げる事業を行っています。

アー・ユー・ハッピー？
are-you-happy.com

ザ・リバティ
the-liberty.com

THE FACT

YouTubeにて随時好評配信中！

ザ・ファクト

マスコミが報道しない「事実」を世界に伝えるネット・オピニオン番組

公式サイト **thefact.jp**

幸福の科学出版

TEL **03-5573-7700**

公式サイト **irhpress.co.jp**

NEW STAR PRODUCTION

ニュースター・プロダクション

「新時代の美」を創造する芸能プロダクションです。多くの方々に良き感化を与えられるような魅力あふれるタレントを世に送り出すべく、日々、活動しています。 公式サイト **newstarpro.co.jp**

ARI Production

ARI《アリ》 Production《プロダクション》

タレント一人ひとりの個性や魅力を引き出し、「新時代を創造するエンターテインメント」をコンセプトに、世の中に精神的価値のある作品を提供していく芸能プロダクションです。 公式サイト **aripro.co.jp**